공부가 재밌어진 순간
절망 끝

공부가 재밌어진 순간
절망 끝

발　행 | 2025년 10월 30일
저　자 | 김민우
펴낸이 | 전영식
펴낸곳 | (주)에듀포털
출판사등록 | 2018.07.17.(제2018-89호)
주　소 | 서울특별시 영등포구 선유로13길 25,에이스하이테크시티2차 510-1호
이메일 | jeon@eduportal.kr

ISBN | 979-11-966236-4-7

김민우 2025
본 책은 저작자의 지적 재산으로서 무단 전재와 복제를 금합니다.

절망 끝
공부가 재밌어진 순간

김민우 지음

에듀포털

CONTENT

제 1 화　　고등학교, 예상치 못한 벽

제 2 화　　첫 중간고사, 절망의 끝

제 3 화　　부모님의 실망과 숨 막히는 분위기

제 4 화　　도서관에서 찾은 작은 빛

제 5 화　　아주 작은 변화의 시작

제 6 화　　친구들에게 배우는 '몰입'의 가치

제 7 화　　공부의 재미를 발견하는 순간들

제 8 화　　함께 성장하는 우리들의 이야기

제 9 화　　두 번째 시험, 달라진 마음가짐

제 10 화　　절망을 넘어선 내면의 단단함

제 11 화　　흐릿했던 시간이 빛나기 시작하다

제 1 화

고등학교, 예상치 못한 벽

새로운 시작의 막막함

　학년의 시작을 알리는 3월의 찬 기운이 뺨에 스쳤다. 익숙했던 중학교 교정을 뒤로하고 처음 발을 디딘 고등학교 교문은 훨씬 크고 위압적이었다. 빳빳한 새 교복은 어색했고, 와자지껄하지만 낯선 아이들의 웃음소리는 왠지 모르게 멀게 느껴졌다. 기대감보다는 미지의 세계에 던져진 듯한 불안감이 가슴을 짓눌렀다. '새로운 시작'. 어른들은 늘 새로운 시작은 희망차고 설레는 것이라고 말했다. 하지만 지우에게 고등학교에서의 새로운 시작은 그저 막막함, 그 자체였다.
　교실에 들어서자 수십 개의 낯선 눈동자들이 일제히 자신에게 쏠리는 기분이었다. 어색하게 자리에 앉아 새로운 시간표를 받아들었을 때, 지우는 처음으로 현실적인 막막함과 마주쳤다. 빼곡하게 채워진 수업 시간, 중학교 때는 듣도 보도 못했던 과목 이름들. 벌써부터 머리가 아픈 것 같았다. 오리엔테이션 시간, 교장 선생님의 말씀이며 담임 선생님의 설명이며 모든 것이 귀에 잘 들어오지 않았다. 그저 '이제부터 정말 시작이구나' 하는 막연한 두려움만이 지우의 마음을 가득 채웠다.

수업은 예상했던 것보다 훨씬 빠른 속도로 진행되었다. 선생님들은 칠판에 끊임없이 글씨를 쓰시기 시작하셨고, 지우는 그 내용을 따라가느라 허둥지둥 필기하기 바빴다. 중학교 때는 선생님 설명만 잘 들어도 대략 이해가 됐고, 시험 기간에 교과서랑 문제집 몇 번 보면 내용은 파악할 수 있었다. 그런데 고등학교 수업은 달랐다. 설명을 들어도 무슨 말인지 모르겠는 개념들이 태반이었고, 필기는 그저 의미 없는 글자들의 나열 같았다. 이해되지 않는 부분을 질문하고 싶어도, 뭘 질문해야 할지조차 모를 지경이었다. 이미 다른 친구들은 다 이해하고 넘어가는 것 같아 손을 들 용기도 나지 않았다.

특히 수학 시간은 지우에게 외계어 같았다. 중학교

때처럼 공식만 외워서 대입한다고 문제가 풀리는 게 아니었다. 왜 이 공식이 나왔는지, 어떤 원리가 숨어 있는지 깊이 파고들어야 했다. 이해하지 못한 채 넘어간 개념들은 다음 단원에서 발목을 잡았고, 수업 시간 내내 혼란 속에서 허우적거렸다. 영어 시간도 마찬가지였다. 중학교 때처럼 단어 몇 개 외우고 문법 규칙 몇 가지만 알면 되는 줄 알았는데, 길고 복잡한 지문을 읽고 행간의 의미까지 파악해야 하는 수준으로 깊어졌다. 국어 시간에는 문학 작품의 심오한 뜻을 해석하고 비문학 지문의 논리 구조를 분석해야 했다. 아는 단어 하나 없이 낯선 외국에 떨어진 것처럼, 교과서 속 글자들이 모두 낯설고 이해 불가능하게 느껴졌다.

매일 밤 책상 앞에 앉았지만, 뭘 해야 할지 알 수 없었다. 두꺼운 참고서와 문제집들은 그저 거대한 벽처럼 느껴졌고, 어디서부터 어떻게 시작해야 할지 감조차 오지 않았다. 중학교 때는 선생님이나 학원에서 하라는 대로만 따라가면 됐는데, 고등학교는 갑자기 모든 것을 스스로 해야 하는 것 같았다. 나에게 맞는 공부 방법은 뭔지, 어떤 책이 좋은지, 하루에 몇 시간이나 공부해야

이 방대한 양을 소화할 수 있는지 아무도 명확하게 알려주지 않았다. 스스로 계획을 세우고 실천하는 '자기주도 학습'이라는 말은 그저 먼 나라 이야기 같았다.

친구들 사이의 미묘한 기류도 지우를 힘들게 했다. 벌써부터 누구는 예습을 철저히 해왔다느니, 누구는 어느 학원이 좋다느니 하는 이야기들이 들려왔다. 앞서나가는 친구들을 보면 괜히 위축되고 초라해졌다. 나는 이렇게 헤매고 있는데, 다른 친구들은 벌써 자기 길을 찾아가는 것 같았다. 혼자만 거대한 안개 속에 갇혀 있는 듯한 기분이었다. 이 막막한 상황에서 벗어나고 싶었지만, 어디로 가야 할지 방향조차 알 수 없었다. '새로운 시작'은커녕, 끝이 보이지 않는 암흑 속으로 걸어 들어가는 것만 같았다.

압도적인 공부량과 난이도

　고등학교에 입학하고 채 한 달도 되지 않아, 지우는 중학교 공부가 마치 아장아장 걸음마 수준이었음을 깨달았다. 서점에 가서 문제집 코너에 섰을 때부터 위기감은 시작되었다. 한 과목에 수십 권씩 쌓여 있는 두꺼운 문제집들, 기본서, 심화서, 유형별 문제집까지. 이 모든 걸 다 풀어야 하는 건가? 가늠조차 되지 않는 양에 숨이 턱 막혔다. 학교에서 나눠준 교과서와 부교재 역시 중학교 때의 그것과는 비교도 안 되게 두꺼웠다. 책상 위에 쌓아두니 작은 산처럼 보였다. 이 산을 언제 다 넘을 수 있을까, 지우는 아득해졌.
　수업 시간은 이 거대한 양이 그저 '시작'일 뿐이라는 것을 실감하게 됐다. 중학교 때는 한 단원을 며칠에 걸쳐 천천히 나갔고, 중요한 내용은 선생님이 여러 번 반복해주셨다. 하지만 고등학교 수업은 기관총처럼 빠르게 진행되었다. 선생님들은 멈추는 법 없이 진도를 나갔고, 한번 놓치면 다음 내용은 아예 따라갈 수가 없었다. 마치 달리는 기차에 뛰어오르려다 자꾸만 미끄러지는 기분이었다. 어떻게든 필기라도 놓치지 않으려고 애썼지만, 적어놓고 봐도 이게 무슨 의미인지 이해가 되지 않을 때가 부지기수였다.

가장 큰 충격은 내용의 난이도였다. 수학 시간에는 중학교 때 배웠던 개념들이 훨씬 복잡하고 어렵게 꼬여서 나왔다. '왜 이렇게 되는 걸까?' 하고 원리를 이해하려 하기보다 그저 문제 유형과 풀이법을 외우기에 급급했다. 하지만 유형은 너무나 다양했고, 조금만 변형되어 나와도 손댈 수 없었다. 선생님은 기본적인 개념만 설명해주고 응용 문제 풀이는 '스스로 연습해 보라'고 하셨지만, 혼자서는 도무지 해결할 수가 없었다. 문제집 해설지를 봐도 이해가 안 되는 경우가 많았고, 결국 답만 베끼거나 별표를 치고 넘어가는 일이 반복되었다.

과학 시간도 마찬가지였다. 중학교 때는 신기한 실험

영상이나 재미있는 이야기로 호기심을 자극했다면, 고등학교 과학은 복잡한 공식과 그래프, 깊이 있는 개념들로 가득했다. 외워야 할 용어들은 왜 이렇게 많은지, 그 용어들이 설명하는 현상들은 왜 이렇게 복잡한지 이해하기 어려웠다. 물리 시간에는 온갖 공식에 숫자를 대입하다가 머리가 터질 것 같았고, 화학 시간에는 알 수 없는 원소 기호와 반응식 때문에 정신을 차릴 수 없었다. 생명과학이나 지구과학 역시 방대한 양과 전문적인 내용 때문에 금방 지쳐버렸다.

영어는 또 어떤가. 중학교 때는 짧은 지문과 쉬운 단어들로 되어 있었지만, 고등학교 영어 교과서는 신문기사나 논문처럼 길고 복잡한 문장들로 가득했다. 모르는 단어들 투성이었고, 문장 구조는 왜 이렇게 어려운지 한 문장을 해석하는 데도 한참이 걸렸다. 독해 속도는 점점 더뎌졌고, 제한된 시간 안에 문제를 푸는 것은 거의 불가능해 보였다. 듣기 평가도 중학교 때보다 훨씬 빠르고 내용도 어려워져서, 제대로 들리는 문장이 거의 없었다. '이걸 어떻게 다 소화해?' 하는 생각에 영어 시간만 되면 한숨부터 나왔다.

사회 과목들도 마찬가지였다. 역사, 지리, 사회문화 등 각 과목마다 외워야 할 용어와 개념, 사건들이 산더미 같았다. 중학교 때처럼 중요한 것만 콕콕 집어 외우면 되는 게 아니라, 전체적인 흐름과 맥락을 이해해야 했다. 하지만 내용이 너무 방대해서 어디까지가 중요하고 어디까지가 부수적인 내용인지 가늠조차 할 수 없었다. 그냥 앞에서부터 무작정 외우려 들다가 금방 지쳐버리기 일쑤였다.

매일매일 쏟아지는 엄청난 양의 진도와 도저히 따라갈 수 없는 난이도는 지우를 깊은 무력감에 빠뜨렸다. 아무리 책상에 앉아 있어도 끝이 보이지 않는 터널을 걷는 기분이었다. 시간이 갈수록 오히려 모르는 것만 늘어나는 것 같았고, 어제 배운 내용도 오늘이 되면 가물가물해졌다. 이렇게 해서 과연 시험을 볼 수나 있을까? 도저히 넘을 수 없는 거대한 산 앞에서 지우는 숨 막히는 압박감과 함께 '나는 안 되는구나'라는 절망적인 생각에 사로잡혔다. 이 압도적인 공부량과 난이도의 벽 앞에서 지우는 완전히 길을 잃고 헤매고 있었다.

책상 앞에 앉아 있는 시간의 고통

　고등학교에 올라온 후, 지우의 하루 중 가장 많은 시간을 차지하게 된 곳은 바로 책상 앞이었다. 방과 후 집에 돌아와 저녁을 먹고 나면, 마치 죄인처럼 책상 의자에 앉아야 했다.
　부모님은 방문을 열어
　"지우야, 이제 공부해야지?"
　하고 말씀하셨고, 그 말은 곧 '이제부터 고통의 시간이 시작된다'는 신호처럼 들렸다.
　책상 위에는 방금 학교에서 가져온 교과서와 문제집들이 무거운 침묵 속에 쌓여 있었다. 그 책들을 보는 것만으로도 한숨이 나왔다.
　자리에 앉기는 했지만, 몸은 자꾸만 비비 꼬였다. 똑

바로 앉아보려고 해도 허리가 뻣뻣하게 굳는 것 같았고, 목덜미는 금방 뻐근해졌다. 다리는 가만히 있지를 못하고 탁자 밑에서 혼자 부산하게 움직였다. 엉덩이는 의자에 붙어 있는데, 몸은 자꾸만 '일어나! 여기서 벗어나!' 하고 외치는 것 같았다. 불편하고, 답답하고, 견딜 수 없었다. 의자가 감옥의 간수처럼 자신을 꼼짝 못 하게 붙잡아 두고 있는 것만 같았다.

몸의 고통보다 더 심각한 것은 마음의 고통이었다. 교과서를 펼치고 눈으로 글자를 좇아갔지만, 머릿속은 이미 저 멀리 탈출해 있었다. 어제 본 웹툰의 다음 내용, 친구와 내일 만나서 할 이야기, 주말에 볼 영화, 심지어 점심 메뉴까지. 온갖 잡념들이 지우의 머릿속을 채웠다. 글자는 그저 활자일 뿐, 아무런 의미도 지우의 머릿속에 심어주지 못했다. 한 페이지를 다 읽었다고 생각했는데, 방금 읽은 내용이 무엇이었는지 되짚어보면 아무것도 기억나지 않았다. 다시 읽고, 또다시 읽어도 마찬가지였다. 눈은 책을 보고 있지만, 정신은 완전히 다른 세상에 가 있었다.

시계는 왜 이렇게 느리게 가는 걸까. 5분이 50분 같고, 10분이 한 시간처럼 느껴졌다. 책상 앞의 시간은 세상에서 가장 더디게 흘러가는 시간이었다. 벽에 걸린 시계를 계속해서 쳐다봤다. '아, 겨우 10분 지났네', '아직도 30분이나 남았어?'. 정해둔 공부 시간이 끝나기까지 남은 시간을 세는 것이 공부하는 시간보다 더 길게 느껴졌다. 옆방에서 들려오는 가족들의 이야기 소리, 창밖에서 들리는 차 지나가는 소리, 심지어 벽시계의 초침 소리마저 지우에게는 자유로운 세상의 소음처럼 들렸고, 자신만이 이 고통스러운 공간에 갇혀 있다는 사실을 끊임없이 상기시켰다.

스마트폰은 책상 위에서 가장 강력한 유혹이었다. '딱 5분만 볼까?', '온 알림만 확인하고 바로 덮자'. 한 번 스마트폰을 손에 쥐면 5분은 10분이 되고, 10분은 30분이 되었다. 정신을 차리고 보면 이미 한참의 시간이 흘러 있었다. 그럴 때마다 '아, 또 시간 낭비했네' 하는 자책감이 밀려왔지만, 다시 책을 펴도 집중하기는 어려웠다. 이미 마음은 흐트러져 있었고, 책상 앞의 시간은 여전히 고통스럽기만 했다. 차라리 이렇게 비효율적으로 앉아 있을 바에야 좋아하는 거라도 하면서 마음 편히 쉬는 게 낫지 않을까 하는 생각도 수없이 했다. 하지만 그렇게 하지 못했다. '고등학생이면 당연히 이 시간에 공부해야 한다'는 주변의 시선과 스스로에 대한 최소한의 기대치 때문에 억지로 자리에 앉아 있었다.

　책상 앞 시간은 지우에게 죄책감과 무력감을 동시에 안겨주었다. 앉아 있기는 하지만 제대로 공부하지 못한다는 사실에 죄책감을 느꼈고, 아무리 노력해도 집중할 수 없다는 무력감에 시달렸다. 이 시간은 그저 의미 없이 흘러가는 것 같았고, 이렇게 앉아 있다고 해서 내일의 내가 달라질 것 같지도 않았다. 희망 없이, 재미없이, 오로지 '해야 한다'는 의무감과 '앉아 있어야 한다'는 강박감에 의해 견뎌야 하는 시간이었다. 책상 앞은 지우에게 지식의 공간이 아니라, 오롯이 고통을 감내해야 하는 고문의 장소와 같았다. 그 고통스러운 시간 속에서 지우는 점점 더 지쳐갔다.

제2화

첫 중간고사, 절망의 끝

'나는 안되는 사람인가 봐' 좌절감

　손에 쥔 성적표가 종잇조각처럼 가볍게 느껴졌다. 아니, 어쩌면 너무나 무거워서 감당할 수가 없었는지도 모른다. 눈앞의 숫자들이 머릿속에 각인되면서, 지우의 마음속에는 차가운 진실이 꽂혔다. '아, 나는 진짜 안 되는구나.' 그동안 애써 외면하고 싶었던, 혹은 설마 아닐 거라고 부정했던 사실이 성적표 한 장으로 명확해지는 순간이었다.
　중학교 때는 그래도 '조금만 더 하면 되겠지' 하는 막연한 기대라도 있었다. 열심히 하는 다른 친구들을 보면 '나도 언젠가는.'이라고 생각하곤 했다. 그런데 고등학교의 압도적인 공부량과 난이도를 마주하고, 밤마다 책상 앞에 앉아 괴로워했던 시간이 결국 이런 결과

로 돌아왔을 때, 지우는 더 이상 희망을 가질 수 없었다. '나는 노력해도 안 되는 사람인가 보다.' 이 생각이 머릿속을 지배하기 시작했다.

주변 친구들의 이야기가 들려왔다.

"아, 나 이번에 망했어! 수학 50점이야"

하고 투덜거리는 태준의 목소리

"이번 국어 좀 어려웠지?"

하고 이야기하는 혜진의 목소리.

그들은 비록 점수가 낮았어도 다음을 기약하거나, 어려웠다는 사실 자체에 대해 이야기할 수 있었다. 하지만 지우는 그들의 대화에 끼어들 수 없었다. 그들의 '망했다'와 자신의 '망했다'는 무게가 달랐다. 그들에게는 일시적인 실패처럼 보였지만, 지우에게는 자신의 한계, 자신의 부족함을 확인하는 절망적인 순간이었다. '나는 저 친구들처럼 가볍게 털고 일어날 수도 없구나. 이건 그냥 내 실력이야.'

조용히 앉아 있는 민서를 곁눈질로 보았다. 민서는 점수가 잘 나왔을 것이 분명했다. 늘 성실하고 차분하게 공부하는 민서를 볼 때면, 지우는 자신이 얼마나 부족한 사람인지 절감했다. '어떤 사람들은 타고나는 건가? 나는 아무리 애써도 저렇게 될 수 없을 거야.' 재능의 차이, 노력의 밀도 차이라고 스스로 합리화해보려 노력했지만, 결국 돌아오는 결론은 같았다. '나는 근본적으로 공부에 소질이 없어.'

성적표는 지우의 자존감을 바닥으로 끌어내렸다. 거울 속에 비친 자신의 얼굴은 초라하고 무능해 보였다. 그동안 왜 그렇게 책상 앞에서 딴생각만 하고 집중하지 못했을까? 왜 조금 더 참고 꾸준히 하지 못했을까? 스스로에게 수없이 질문했지만, 답은 하나뿐인 것 같았다. '나는 의지력이 약하고, 끈기가 부족한 사람이야. 그러니까 이렇게 된 거지.' 타고난 능력도 부족한데, 노력하는 능력마저 없다고 생각하니 더 이상 앞으로 나아갈 힘이 나지 않았다.

앞으로 남은 고등학교 생활이 아득하게 느껴졌다. 지금 이 상태로는 절대 따라갈 수 없을 것이 분명했다. 다음 시험도, 그다음 시험도 결과는 마찬가지일 것이라는 절망적인 예감이 들었다. '이 고통스러운 시간을 앞으로 2년 넘게 더 견뎌야 한다고? 이렇게 해봤자 바뀌는 건 없을 텐데...'.미래가 보이지 않았다. 공부라는 거대한 장벽 앞에 선 자신은 너무나 작고 무력한 존재 같았다.

'나는 안 돼.' 이 네 글자가 머릿속에서 떠나지 않았다. 공부뿐만이 아니었다. 자신이 하는 다른 어떤 일에서도 결국 이런 식으로 실패하고 말 것이라는 패배감이 온몸을 감쌌다. 자신은 특별한 것 없고, 그저 평범 이하의 존재일 뿐이라고 스스로 단정 지었다. 이 좌절감은 단순한 실망을 넘어선, 자신의 존재 가치 자체를 부정하게 만드는 깊고 어두운 감정이었다. 지우는 이 깊은 좌절감의 구렁텅이에서 벗어날 방법을 찾지 못하고 힘없이 서 있었다.

비교 속에서 느끼는 초라함과 외로움

첫 중간고사 성적표는 차가운 숫자들로 지우의 현실을 적나라하게 보여주었다. 그리고 그 현실은 주변 친구들과 자신을 끊임없이 비교하게 만들었다. 교실 안에서, 쉬는 시간 복도에서, 점심시간 식당에서 친구들의 이야기가 귓가에 맴돌았다. "야, 나 이번에 수학 아쉽게 하나 틀렸어!", "국어 생각보다 잘 나와서 기분 좋다!", "다음 시험엔 꼭 전 과목 1등급 받을 거야!" 같은 말들. 그들의 이야기는 자연스러웠고 활기 넘쳤지만, 지우에게는 마치 다른 세상의 이야기처럼 들렸다.

태준은 성적이 잘 나오든 못 나오든 크게 상관없어 보였다. "에이, 인생 뭐 있어? 공부가 전부냐!" 하고 외치며 금방 다른 재미있는 이야기로 화제를 돌렸다. 혜진은 만화 이야기나 좋아하는 아이돌 이야기로 늘 밝은

에너지를 뿜어냈다. 공부가 힘들다고 투덜대기는 했지만, 자신이 열정을 쏟는 만화가라는 꿈이 있었기에 그녀는 늘 생기 넘쳤다. 지우는 그런 친구들을 보며 '쟤네는 그래도 좋아하는 거라도 있구나' 하고 생각했다. 공부는 싫고, 딱히 열정을 쏟을 만한 다른 일도 없는 자신은 그저 방황하는 존재 같았다. 그들의 활기찬 모습 속에서 자신만이 제자리걸음 하는 듯한 초라함을 느꼈다.

　가장 비교가 되었던 것은 민서였다. 민서는 조용했지만, 늘 묵묵히 자신의 자리를 지키며 공부했다. 성적표가 나온 후에도 크게 기뻐하거나 슬퍼하는 내색 없이 차분한 모습이었다. 그 모습에서 흔들림 없는 단단함이 느껴졌다. 지우는 민서를 보며 '나는 왜 저렇게 못 할까?' 하고 스스로를 질책했다. 민서는 마치 처음부터 공부라는 세상에 속해 있었던 사람 같았다. 자신은 아무리 애써도 그 세상의 문턱조차 넘지 못하는 이방인 같았다. 민서와 자신 사이의 보이지 않는 벽을 느낄 때마다 지우는 깊은 초라함에 사로잡혔다.

　비교는 끝이 없었다. 현우는 특정 과목에 대한 깊이

있는 지식을 뽐냈고, 서준은 운동부 활동으로 땀 흘리며 자신의 분야에서 성과를 내고 있었다. 각자 자신만의 세계를 구축하고 그 안에서 빛을 내는 친구들 사이에서, 지우는 자신이 너무나 평범하고 볼품없게 느껴졌다. '나는 뭘 잘하지?', '나는 어떤 사람이지?' 스스로에게 물었을 때, 딱히 내세울 것이 없다는 생각에 더 작아졌다.

혼자 뒤처지고 있다는 느낌은 외로움으로 이어졌다. 친구들과 함께 웃고 이야기하고 싶었지만, 공부 이야기가 나올 때마다 괜히 위축되어 입을 다물게 되었다. 자신이 느끼는 막막함과 절망감을 친구들에게 솔직하게 털어놓기도 어려웠다. 혜진은 걱정해 주었지만, 혜진 역시 만화라는 꿈이 있기에 지우의 깊은 무기력감을 온전히 이해하지는 못할 것 같았다. 결국 이 무거운 마음은 혼자서 감당해야 할 몫처럼 느껴졌다. 북적이는 친구들 틈에서도 지우는 이방인이 된 듯한 외로움을 느꼈다.

비교 속에서 느끼는 초라함과 외로움은 지우를 점점 더 움츠러들게 만들었다. 자신감이 사라지고, 스스로 부정적으로 바라보게 되었다. '어차피 해봤자 안 될 거야'라는 생각이 머릿속에 뿌리내리면서, 더 이상 앞으로 나아갈 동력조차 잃어버렸다. 친구들의 성장을 응원하면서도, 자신만 초라하게 남겨진 것 같은 기분에 씁쓸함을 지울 수 없었다. 이 깊은 고립감과 초라함 속에서 지우는 벗어날 길을 찾지 못하고 방황하고 있었다.

첫 중간고사 성적표는 차가운 숫자들로 지우의 현실을 적나라하게 보여주었다. 그리고 그 현실은 주변 친구들과 자신을 끊임없이 비교했다. 교실 안에서, 쉬는 시간 복도에서, 점심시간 식당에서 친구들의 이야기가 귓가에 맴돌았다. "야, 나 이번에 수학 아쉽게 하나 틀렸어!", "국어 생각보다 잘 나와서 기분 좋다!", "다음 시험엔 꼭 전 과목 1등급 받을 거야!" 같은 말들. 그들의 이야기는 자연스러웠고 활기 넘쳤지만, 지우에게는 마치 다른 세상의 이야기처럼 들렸다.

태준은 성적이 잘 나오든 못 나오든 크게 상관없어 보였다. "에이, 인생 뭐 있어? 공부가 전부냐!" 하고 외치며 금방 다른 재미있는 이야기로 화제를 돌렸다. 혜진은 만화 이야기나 좋아하는 아이돌 이야기로 늘 밝은

에너지를 뿜어냈다. 공부가 힘들다고 투덜대기는 했지만, 자신이 열정을 쏟는 만화가라는 꿈이 있었기에 그녀는 늘 생기 넘쳤다. 지우는 그런 친구들을 보며 '쟤네는 그래도 좋아하는 거라도 있구나' 하고 생각했다. 공부는 싫고, 딱히 열정을 쏟을 만한 다른 일도 없는 자신은 그저 방황하는 존재 같았다. 그들의 활기찬 모습 속에서 자신만이 제자리걸음 하는 듯한 초라함을 느꼈다.

가장 비교가 되었던 것은 민서였다. 민서는 조용했지만, 늘 묵묵히 자신의 자리를 지키며 공부했다. 성적표가 나온 후에도 크게 기뻐하거나 슬퍼하는 내색 없이 차분한 모습이었다. 그 모습에서 흔들림 없는 단단함이 느껴졌다. 지우는 민서를 보며 '나는 왜 저렇게 못 할까?' 하고 스스로 질책했다. 민서는 마치 처음부터 공부라는 세상에 속해 있었던 사람 같았다. 자신은 아무리 애써도 그 세상의 문턱조차 넘지 못하는 이방인 같았다. 민서와 자신 사이의 보이지 않는 벽을 느낄 때마다 지우는 깊은 초라함에 사로잡혔다.

비교는 끝이 없었다. 현우는 특정 과목에 대한 깊이

있는 지식을 뽐냈고, 서준은 운동부 활동으로 땀 흘리며 자신의 분야에서 성과를 내고 있었다. 각자 자신만의 세계를 구축하고 그 안에서 빛을 내는 친구들 사이에서, 지우는 자신이 너무나 평범하고 볼품없게 느껴졌다. '나는 뭘 잘하지?', '나는 어떤 사람이지?' 스스로에게 물었을 때, 딱히 내세울 것이 없다는 생각에 더 작아졌다.

혼자 뒤처지고 있다는 느낌은 외로움으로 이어졌다. 친구들과 함께 웃고 이야기하고 싶었지만, 공부 이야기가 나올 때마다 괜히 위축되어 입을 다물게 되었다. 자신이 느끼는 막막함과 절망감을 친구들에게 솔직하게 털어놓기도 어려웠다. 혜진은 걱정해 주었지만, 혜진 역시 만화라는 꿈이 있기에 지우의 깊은 무기력감을 온전히 이해하지는 못할 것 같았다. 결국 이 무거운 마음은 혼자서 감당해야 할 몫처럼 느껴졌다. 북적이는 친구들 틈에서도 지우는 이방인이 된 듯한 외로움을 느꼈다.

비교 속에서 느끼는 초라함과 외로움은 지우를 점점 더 움츠러들게 만들었다. 자신감이 사라지고, 스스로를 부정적으로 바라보게 되었다. '어차피 해봤자 안 될 거야'라는 생각이 머릿속에 뿌리내리면서, 더 이상 앞으로 나아갈 동력조차 잃어버렸다. 친구들의 성장을 응원하면서도, 자신만 초라하게 남겨진 것 같은 기분에 쓸쓸함을 지울 수 없었다. 이 깊은 고립감과 초라함 속에서 지우는 벗어날 길을 찾지 못하고 방황하고 있었다.

제3화

부모님의 실망과 숨 막히는 분위기

기대와 현실 사이의 괴리

　고등학교 입학 전, 지우는 막연한 기대를 품고 있었다. 텔레비전 드라마나 인터넷에서 본 고등학교 생활은 왠지 멋있고, 꿈을 향해 달려가는 풋풋한 청춘들의 이야기로 가득한 곳 같았다. 공부가 힘들 거라는 이야기는 들었지만, 그래도 '열심히 하면 되겠지!' 하는 안일한 생각도 있었다. 중학교 때처럼 벼락치기 신공을 발휘하거나 시험 전에 바짝 집중하면 어느 정도 따라갈 수 있을 거라고 스스로 다독였다. 고등학교에 가면 좀 더 성숙해지고, 공부에도 재미를 붙여서 멋진 고등학생이 될 수 있을 거라는 막연한 로망도 있었다.
　부모님 역시 지우에게 큰 기대를 걸고 계신 눈치였다.

"고등학교 가면 이제 진짜 시작이지.",
"열심히 해서 네 꿈을 펼쳐야지."

같은 말씀 속에는 지우가 스스로 공부에 재미를 붙이고 좋은 결과를 얻어낼 것이라는 믿음이 담겨 있었다. 물론 직접적으로 '몇 점을 받아라', '몇 등급을 받아라' 하고 강요하지는 않으셨지만, 그 은근한 기대감은 지우에게 부담으로 작용했다. 지우도 그런 부모님의 기대에 부응하고 싶었고, '이번에는 진짜 제대로 해보자'고 마음먹었던 순간들도 있었다.

하지만 현실은 너무나도 달랐다. 고등학교의 첫 중간고사는 지우가 품었던 모든 기대를 산산조각 냈다. 벼락치기는커녕 매일 앉아 있어도 따라가기 벅찬 진도와 난이도 앞에서 지우는 무릎을 꿇었다. '열심히 하면 되겠지'라는 생각은 '열심히 해도 안 되는구나'라는 절망으로 바뀌었다. 드라마 속 주인공들처럼 멋지게 공부하며 꿈을 향해 나아가기는커녕, 책상 앞에서 매일 고통스러워하고 시간만 낭비하는 자신의 모습에 실망했다.

처참한 성적표는 지우가 스스로에 대해 가졌던 최소한의 기대마저 짓밟았다. '이 정도는 하겠지', '최소한

평균은 넘겠지' 했던 생각들이 모두 허황된 꿈이었음을 냉혹하게 보여주었다. 중학교 때의 자신과 고등학교의 자신 사이에 이렇게 거대한 벽이 있을 줄은 상상도 하지 못했다. 중학교 때까지의 공부 방식과 자신의 능력이 고등학교에서는 전혀 통하지 않는다는 것을 깨달았을 때, 지우는 자신이 알고 있던 세상이 무너지는 듯한 충격을 받았다.

　부모님의 기대 역시 지우에게는 또 다른 고통이었다. 성적표를 보여드렸을 때, 부모님은 화를 내는 대신 깊은 실망감을 비추셨다. 그 침묵과 나지막한 목소리가 지우의 가슴을 후벼 팠다. '기대하셨을 텐데, 내가 또 실망시켜 드렸구나.' 스스로에 대한 죄책감과 함께 부모님의 기대에 미치지 못하는 자신의 무능함에 좌절했다. 부모님이 자신을 믿고 지켜봐 주시는 만큼, 그 믿음을 저버렸다는 생각에 마음이 무거웠다. 차라리 소리라도 지르시면 마음이 편할 텐데, 실망한 기색을 숨기려 애쓰시는 부모님의 모습이 더 아프게 다가왔다.

　기대했던 모습과 너무나 다른 현실 사이의 괴리는 지우에게 깊은 혼란과 절망감을 안겨주었다. 앞으로 어떻게 해야 할지 방향을 잃었고, 무엇을 믿고 나아가야 할지 알 수 없었다. 스스로에 대한 믿음도, 부모님의 기대에 대한 부담감도 모두 지우를 짓눌렀다. 이 거대한 괴리감 앞에서 지우는 자신이 서 있는 곳이 어디인지, 앞으로 어디로 가야 할지 전혀 알 수 없는 미로 한가운데 갇힌 듯한 외로움과 막막함을 느꼈다. 새로운 시작에 대한 설렘은 온데간데없고, 끝없는 절망만이 지우를 기다리고 있는 것만 같았다.

말없이 건네는 부모님의 시선

　집에 돌아온 후에도 성적표는 가방 깊숙한 곳에 숨겨져 있었다. 마치 판도라의 상자처럼, 열면 안 될 무언가가 그 안에 들어 있는 것만 같았다. 저녁 식사를 할 때도 밥이 제대로 넘어가지 않았다. 부모님은 평소와 다름없이 오늘 학교에서 무슨 일이 있었는지 물으셨지만, 지우는 입이 떨어지지 않았다. 숨 막히는 시간이었다. 하지만 이 현실을 영원히 외면할 수는 없었다. 언젠가는 마주해야 할 순간이었다.
　용기를 내어 식탁에 앉아 계신 부모님께 다가갔다. 손에 쥔 성적표 봉투가 왜 이렇게 차갑고 무거운지. 떨리는 목소리로

"엄마, 아빠... 여기요."

하고 성적표를 건넸다.

엄마가 먼저 성적표를 보셨다. 늘 환하게 웃던 엄마의 얼굴에서 순식간에 미소가 사라졌다. 그 옆에서 아빠도 팔짱을 끼고 함께 성적표를 들여다보셨다. 두 분의 시선이 성적표 위로 느릿하게 움직였다.

긴, 아주 긴 침묵이 흘렀다. 예상했던 불호령이나 실망했다는 직접적인 말은 없었다. 하지만 그 침묵 자체가 어떤 질책보다도 더 큰 파장으로 지우에게 다가왔다. 그리고 지우를 가장 아프게 한 것은 바로 부모님의 '시선'이었다. 성적표에서 눈을 뗀 두 분이 지우를 바라보았다. 말없이, 그저 지우를 바라볼 뿐이었다.

엄마의 눈빛에는 걱정과 안타까움이 뒤섞여 있었다. '우리 지우가 얼마나 힘들었을까, 그런데 결과는 왜 이럴까' 하고 묻는 듯했다. 아빠의 눈빛은 조금 더 복잡했다. 실망한 기색이 역력했지만, 동시에 '네가 왜 이렇게 됐을까' 하는 의문, 그리고 자신에 대한 어떤 자책 같은 것도 엿보이는 듯했다. 그 무언의 시선 속에서 지우는 자신이 부모님께 큰 실망을 안겨드렸다는 것을 여실히 느꼈다. '분명 기대를 하셨을 텐데' 직접적인 꾸중보다 그 실망한 기색이, 말 없는 시선이 지우의 가슴을 더 아프게 찔렀다. 마치 투명한 칼날이 심장을 파고드는 것 같았다.

지우는 고개를 들 수 없었다. 얼굴이 화끈거렸고, 온몸의 피가 머리로 쏠리는 듯했다. 숨쉬기조차 힘들었다. 부모님의 시선은 마치 자신을 꿰뚫어 보는 듯했다. 그 시선 속에서 지우는 자신이 얼마나 시간을 허투루 썼는지, 얼마나 집중하지 못했는지, 얼마나 나태했는지를 모두 들킨 기분이었다. 변명할 여지도, 숨을 곳도 없었다. 차라리 소리를 지르시거나 화를 내셨더라면 마음이 편했을지도 모른다. 감정적인 반응 속에서는 도망칠 틈이라도 있었을 테니. 하지만 이 차분한 침묵과 말 없는 시선은 지우를 그 자리에 얼음처럼 얼어버리게 만들었고, 자신의 실패와 오롯이 마주하게 했다.

한참의 정적 끝에 아빠가 나지막한 목소리로 입을 여셨다.

"지우야, 이번에 좀 아쉽네."

그리고 엄마가 힘없이 덧붙이셨다.

"다음에는 조금 더 열심히 해보자."

그 목소리에는 꾸짖음이나 강요가 없었다. 그저 지우를 향한 깊은 안타까움과 걱정, 그리고 어쩌면 희미한 실낱같은 기대만이 담겨 있는 듯했다. 하지만 그 조용하고 힘없는 목소리가 오히려 지우에게는 더 큰 부담과 아픔으로 다가왔다. 부모님의 말없이 시선과 나지막한 목소리는 지우에게 자신이 얼마나 큰 잘못을 했는지, 그리고 앞으로 얼마나 더 큰 노력을 해야 하는지를 뼈저리게 느끼게 했다. 성적표를 건넸던 그 몇 분의 시간은 지우에게 평생 잊지 못할 고통스러운 기억으로 남았다.

스스로를 속였다는 죄책감

성적표를 부모님께 보여드린 후, 지우는 방으로 돌아와 문을 닫았다. 혼자가 되자 그동안 억눌렸던 감정들이 한꺼번에 밀려왔다. 눈물은 나오지 않았다. 그저 가슴이 먹먹하고 답답했다. 부모님의 실망한 눈빛과 나지막한 목소리도 아팠지만, 지우를 가장 괴롭힌 것은 바로 '자신을 속였다'라는 사실에서 오는 깊은 죄책감이었다.
돌이켜보면 고등학교에 올라온 후 지우는 스스로에게 계속해서 거짓말을 해왔다. 책상 앞에 앉아 있는 시간, 마치 열심히 공부하는 것처럼 보이기 위해 펼쳐 놓은 교과서와 문제집들. 하지만 그 시간 동안 지우의 정신은 딴세상에 가 있었다. 스마트폰을 몰래 보거나,

머릿속으로 엉뚱한 상상을 하거나, 그저 멍하니 앉아 시간을 보냈을 뿐이었다. 부모님이 방문을 열고 들어오실 때면 황급히 자세를 고쳐 앉고 공부하는 척을 했다. 친구들이 공부에 대해 이야기할 때도 아는 척, 이해하는 척 대충 넘어가곤 했다.

성적표는 바로 그 거짓말의 대가였다. 아무리 겉모습을 그럴듯하게 꾸며도, 결국 노력하지 않은 시간은 냉혹한 결과로 되돌아온다는 것을 성적표가 똑똑히 보여주었다. 지우는 스스로에게 '앉아 있기만 하면 언젠가는 되겠지', '시험 전에 벼락치기 하면 이번에도 되겠지' 하는 말도 안 되는 기대를 심어주며 현실을 외면해왔다. 힘들고 어려운 공부 앞에서 도망치는 자신을 정당화하기 위해 온갖 핑계를 만들었다. '나는 머리가 나빠서 그래', '원래 공부랑 안 맞아', '고등학교 공부는 너무 어려워'.

하지만 처참한 성적표는 그런 핑계들이 모두 자신을 속이기 위한 거짓말이었음을 깨닫게 했다. 머리가 나빠서가 아니라 노력하지 않아서, 소질이 없어서가 아니라 제대로 시도조차 하지 않아서 이런 결과를 얻었다는 것을 부정할 수 없었다. 가장 솔직해야 할 자기 자신에게, 가장 큰 거짓말을 했다는 사실이 지우를 뼈저리게 아프게 했다. 자신을 속여온 시간, 그 시간이 얼마나 어리석고 무의미했는지 생각할수록 깊은 후회가 밀려왔다.

죄책감은 무력감으로 이어졌다. 자신에게조차 솔직하지 못한 사람이 어떻게 다른 사람과의 관계를 제대로 맺을 수 있을까? 스스로에게 거짓말하는 버릇은 다른 사람에게도 이어질 수 있지 않을까? 스스로에 대한 불신이 커지면서 무엇 하나 제대로 해낼 수 없을 것 같은 무력감에 휩싸였다. 앞으로 다시 공부를 시작하더라도, 또다시 자신을 속이게 될까 봐 두려웠다. 한번 무너진 신뢰는 회복하기 어렵다는 것을 잘 알고 있었기에, 스스로에게 진 죄는 더욱 무겁게 느껴졌다.

가장 아팠던 것은 부모님께 죄송한 마음이었다. 부모님은 지우가 책상에 앉아 있는 시간을 '공부하는 시간'으로 믿고 계셨을 텐데. 그 믿음을 지우가 스스로의 게으름과 거짓말로 배신했다는 사실에 마음이 찢어질 듯했다. 부모님의 실망한 눈빛이 바로 그 배신감에서 비롯된 것이라고 생각하니 더 이상 부모님 얼굴을 똑바로 볼 수가 없었다.

　스스로를 속였다는 죄책감은 지우를 깊은 수렁으로 밀어 넣었다. 그 죄책감은 성적에 대한 실망보다, 부모님께 죄송한 마음보다 훨씬 더 무겁고 견디기 힘든 것이었다. 자신에게 진 빚을 어떻게 갚아야 할지, 무너진 스스로와의 신뢰를 어떻게 다시 쌓아 올려야 할지 지우는 알지 못했다. 이 깊은 죄책감 속에서 지우는 완전히 길을 잃고 방황하고 있었다.

제4화

도서관에서 찾은 작은 빛

우연히 만난 한 권의 책

　성적표를 받은 후 며칠 동안, 지우는 깊은 무기력감에 빠져 있었다. 학교에서도 집에서도 제대로 집중할 수 없었다. 친구들과 어울리는 것도 예전 같지 않았고, 좋아하는 웹툰을 봐도 재미를 느끼지 못했다. 마음 한 구석에는 늘 처참한 성적표와 스스로를 속였다는 죄책감, 그리고 앞으로 어떻게 해야 할지에 대한 막막함이 자리 잡고 있었다. 모든 것이 무의미하게 느껴졌다.
　방과 후, 지우는 특별한 목적 없이 학교 도서관을 서성였다. 늘 사람이 많은 열람실이나 신간 코너는 피하고, 사람들이 잘 찾지 않는 구석 책장 사이를 배회했다. 아무 책이나 손에 잡히는 대로 꺼내 들었다가 몇 페이지 읽지 않고 다시 꽂아 넣기를 반복했다. 공부와 관련

된 책은 당연히 피하고 싶었다. 책 표지에 '성적 향상', '공부 비법' 같은 문구만 봐도 짜증이 치밀어 올랐다. 그러다 정말 우연히, 책장 한구석에 꽂혀 있던 낡은 책 한 권에 시선이 멈췄다. '이토록 공부가 재미있어지는 순간'. 제목이 왠지 모르게 마음에 걸렸다. '공부가 재미있어진다고?' 지우에게 공부는 지루함, 고통, 절망 그 자체였다. 재미와는 전혀 연결되지 않는 단어였다. 그래서 더 호기심이 생겼는지도 모른다. '말도 안 돼. 그래도 혹시나...'하는 아주 희미한 기대감으로 책을 꺼내 들었다.

  책 표지는 화려하지 않았다. 제목 밑에 작가의 이름과 작은 글씨로 부제가 적혀 있었다. 책을 펼치자 깨끗한 새 책과는 달리 누군가의 손때가 묻어 있고, 몇몇 문장에는 밑줄이 그어져 있기도 했다. 누군가 이 책을 읽고 마음에 새겼구나, 하는 생각이 들었다. 대충 몇 페이지를 훑어보는데, 일반적인 학습법 책과는 내용이 달랐다. 문제 푸는 기술이나 암기법을 가르쳐주는 대신, 왜 공부하는지, 공부를 대하는 마음가짐에 관한 이야기가 담겨 있었다.

'공부는 머리가 아니라 마음으로 하는 것이다', '성적은 결과일 뿐, 공부의 본질은 성장이다' 같은 문구들이 눈에 들어왔다. 지우는 그 자리에서 한동안 책을 넘겨 보았다. 책 속의 이야기를 들은 지우가 그동안 공부 때문에 느꼈던 좌절감, 막막함, 무력감을 이야기하는 것 같았다. 그리고 그 어려움을 어떻게 극복하고 공부 속에서 의미를 찾을 수 있는지 조용히 이야기 해주고 있었다.
  마치 자신을 위해 쓰인 책 같다는 기분이 들었다. 절망의 끝에 서서 길을 잃고 방황하던 자신에게, 이 책은 어두운 밤하늘에 떠있는 작은 별처럼 느껴졌다. 크고 환하게 빛나지는 않았지만, 적어도 지금 서 있는 곳이 어디인지, 앞으로 나아갈 방향이 어디쯤인지를 아주 희미하게나마 알려주는 듯했다.
  지우는 홀린 듯 그 책을 빌렸다. 태어나서 처음으로 '공부'에 대한 책을 스스로의 의지로 빌리는 순간이었다. 도서관을 나서는 발걸음이 조금 가벼워진 것 같았다. 여전히 마음속에는 불안감이 남아 있었지만, 방금 만난 이 책이 혹시라도 자신에게 어떤 해답을 줄 수 있지 않을까 하는 아주 작은 희망이 피어올랐다. 그 희망은 마치 차가운 땅을 비집고 싹트는 새싹처럼 연약했지만, 지우는 그 연약한 희망을 소중하게 품고 집으로 향했다. 절망의 끝에서 우연히 만난 한 권의 책이 지우의 삶에 작은 파동을 일으키기 시작한 순간이었다.

'공부는 경쟁이 아니라 성장'이라는 깨달음

　도서관에서 빌려온 '이토록 공부가 재미있어지는 순간'을 밤마다 펼쳐 들었다. 처음에는 반신반의하는 마음으로 읽기 시작했지만, 책장을 넘길수록 지우는 알 수 없는 힘에 이끌리는 것을 느꼈다. 책 속의 글귀들은 지우가 그동안 공부 때문에 느꼈던 좌절감, 초라함, 무력감을 정확히 꿰뚫어 보는 듯했다. 그리고 지우가 알지 못했던 '공부'의 다른 얼굴을 보여주었다.

　가장 충격적으로 다가온 것은 '공부는 경쟁이 아니라 성장이다'라는 메시지였다. 지우에게 공부는 늘 경쟁이었다. 친구들보다 더 높은 점수를 받고, 더 좋은 등급을 받아서 좋은 대학에 가는 것. 그것만이 공부의 유일한 목적인 줄 알았다. 그래서 성적이 안 나왔을 때 그토록 절망했고, 공부 잘하는 친구들을 보며 초라함을 느꼈다. 공부는 끊임없이 남들과 비교하며 자신을 평가하는 고통스러운 과정이었다.

그런데 책에서는 공부의 본질이 외부에 있는 '성적'이나 '등수'가 아니라, 내 안에 있는 '성장'에 있다고 말했다. 매일 조금씩 새로운 것을 배우고, 몰랐던 것을 알게 되고, 이해하지 못했던 것을 이해하게 되는 과정 자체가 공부라는 것이다. 어제의 나보다 오늘의 내가 조금 더 나아지는 것. 그것이 진짜 공부가 주는 기쁨이라고 했다.

  이 깨달음은 지우의 머리를 쾅 때리는 충격과도 같았다. '아, 공부는 남들과 싸우는 게 아니었구나. 나 자신과 마주하고 나를 키워나가는 과정이었구나.' 그동안 지우는 늘 남들의 시선, 남들과의 비교 속에서 공부를 해왔다. 그러니 성적이 안 나왔을 때 그렇게까지 절망했던 것이다. 목표가 '남들보다 잘하는 것'이었으니, 그 목표를 달성하지 못했을 때 자신의 가치가 떨어진다고 느꼈던 것이다.

하지만 목표를 '나 자신의 성장'으로 바꾸니 세상이 달리 보이기 시작했다. 이제는 친구의 높은 성적을 보며 질투하거나 초라해할 필요가 없었다. 그 친구는 그 친구의 속도로 성장하는 것이고, 나는 나의 속도로 성장하면 되는 것이었다. 중요한 것은 남들보다 앞서가는 것이 아니라, 어제의 나 자신보다 한 걸음이라도 더 나아가는 것이었다.

이 깨달음은 지우의 마음속 깊은 곳에 쌓여 있던 불안감과 압박감을 조금씩 걷어내 주었다. 더 이상 성적이라는 무거운 짐에 짓눌릴 필요가 없었다. 물론 당장 성적이 중요하지 않게 된 것은 아니지만, 성적 자체가 공부의 전부가 아니라는 것을 알게 되자 마음이 훨씬 편안해졌다. 공부를 통해 나 자신을 알아가고, 나의 한계를 시험하고, 그 한계를 넘어서는 과정에서 오는 성취감. 그것이 진짜 공부의 의미이자 재미라는 것을 어렴풋이 느끼기 시작했다.

책 속에서 저자는 말했다. 자신도 늦은 출발이었지만, '마음'을 바꾸니 공부가 달라졌다고. 공부를 통해 스스로를 단련하고 세상을 이해하게 되었다고. 지우는 그 이야기에 깊이 공감했다. 자신에게 부족했던 것은 타고난 머리나 공부 기술이 아니라, 바로 공부를 대하는 '마음'이었음을 깨달았다.

'그래, 다시 해보자. 이번에는 남들이 아니라 나 자신을 위해 공부해보자.' 절망의 끝에 서서 모든 것을 포기하고 싶었던 지우의 마음에 작지만 단단한 결심이 자리 잡았다. '공부는 경쟁이 아니라 성장이다.' 이 문장은 지우의 새로운 나침반이 되었다. 이제 지우는 이 나침반이 가리키는 방향으로, 자신만의 속도로 '성장'이라는 목적지를 향해 나아가기로 마음먹었다. 오랜 방황 끝에 비로소 진짜 공부의 의미를 깨닫게 된 소중한 순간이었다.

희미하게 피어나는 호기심과 희망

　'공부는 경쟁이 아니라 성장이다.' 책 속의 그 문장이 지우의 마음속 깊숙이 자리 잡았다. 그동안 공부는 지우에게 흑백 세상과 같았다. 지루하고, 어렵고, 의미 없는 것들로 가득 찬 곳. 하지만 책을 통해 공부의 다른 면을 보기 시작하자, 흑백 세상에 희미하게나마 색깔이 번지는 듯한 느낌이 들었다.

　책은 공부를 통해 세상을 이해하게 되고, 스스로 생각하는 힘을 기를 수 있다고 이야기했다. 단순히 시험을 잘 보기 위한 기술이 아니라, 삶을 살아가는 데 필요한 지혜와 단단함을 길러주는 과정이라고 말했다. 그동안 지우는 교과서 속 내용들을 단순히 '외워야 할 것'으로만 생각했지, 그것이 세상과 어떻게 연결되어 있는지, 왜 우리가 이런 것들을 배워야 하는지에 대해 깊이 생각해 본 적이 없었다.

　책을 읽으면서 갑자기 교과서 속 내용들이 다르게 보이기 시작했다. 역사 속 인물들의 이야기가 단순한 암기 사항이 아니라, 그들의 삶과 선택을 통해 인간 본연의 모습을 들여다볼 수 있는 창처럼 느껴졌다. 과학 공식이 복잡한 숫자의 나열이 아니라, 이 세상이 움직이는 숨겨진 원리를 보여주는 열쇠처럼 다가왔다. 문학 작품 속 등장인물들의 감정에 공감하고 그들의 이야기에 빠져들면서, '아, 이게 공부가 주는 또 다른 재미구나' 하고 어렴풋이 느끼게 되었다.

　호기심이 피어올랐다. 그동안은 그저 외면하고 싶었던 교과서 속 내용들이 갑자기 궁금해지기 시작했다. 이 현상은 왜 이렇게 되는 걸까? 이 사건은 왜 일어났을까? 이 단어는 어떤 의미를 가지고 있을까? 사소한 질문들이 꼬리를 물고 이어졌다. 예전 같았으면 그냥 넘어갔을 부분들도, 이제는 '한번 알아볼까?' 하는 마음이 들었다. 인터넷 검색창에 궁금한 내용을 쳐보고, 다른 참고서를 찾아보고 싶은 마음이 생겼다. 마치 굳게 닫혀 있던 지식의 문틈으로 아주 희미한 빛이 새어 들어오는 것 같았다.

물론 여전히 공부는 어려웠고, 모르는 것 투성이였다. 한 권의 책을 읽었다고 해서 갑자기 모든 것이 쉬워지는 마법 같은 일은 일어나지 않았다. 하지만 이제는 그 어려움이 '넘을 수 없는 벽'이 아니라, '넘어보고 싶은 도전 과제'처럼 느껴지기 시작했다. 모르는 것을 알게 되는 과정이 고통스러운 것이 아니라, 오히려 흥미로운 탐험처럼 느껴졌다.

그리고 이 작은 호기심과 함께 아주 희미한 '희망'이 싹트기 시작했다. '나도 할 수 있을지도 몰라.' 성적표를 받아들고 '나는 안 되는 사람인가 봐'라고 단정 지었던 자신에게 조심스럽게 반문하게 되었다. '아니, 혹시 내가 방법을 몰랐던 건 아닐까? 혹시 내가 마음가짐을 잘못 가졌던 건 아닐까?' 책에서 말한 것처럼 공부의 본질을 성장에 두고 꾸준히 노력한다면, 어쩌면 나도 공부에서 재미를 느끼고 성장할 수 있지 않을까 하는 희망이 마음 한구석에 자리 잡았다.

이 희망은 아직 너무나 연약해서 쉽게 부서질 것 같

앉다. 언제든 다시 절망의 구렁텅이로 떨어질 수 있다는 불안감도 여전히 존재했다. 하지만 완전히 암흑 같았던 마음속에 아주 작은 빛 한 줄기가 들어온 것만으로도 지우는 숨통이 트이는 것을 느꼈다. 더 이상 완전히 혼자가 아니라는 느낌, 나아갈 방향을 아주 희미하게나마 알게 되었다는 안도감.

지우는 빌려온 책을 책상 가장 잘 보이는 곳에 올려두었다. 그 책은 지우에게 '포기하지 마. 아직 다른 길이 있을지도 몰라'라고 말해주는 것 같았다. 희미하게 피어난 호기심과 희망은 아직은 작고 연약했지만, 지우가 다시 한번 용기를 내어 책상 앞에 앉을 수 있는 작은 불씨가 되어주었다. 절망의 끝에서 지우는 그렇게 아주 느리고 조심스럽게, 새로운 시작을 준비하고 있었다.

제5화

아주 작은 변화의 시작

'왜 공부하는가?' 스스로에게 묻다

'공부는 경쟁이 아니라 성장이다.' 이 문장을 마음속에 새긴 후, 지우는 자신에게 가장 근본적인 질문을 던지기 시작했다.

'나는 왜 공부하는가?'

이전에는 이런 질문을 해본 적이 없었다. 그저 '학생이니까', '대학에 가야 하니까', '나중에 좋은 직업을 가지려면' 같은 당연한 이유들로만 생각했다. 시키니까 하고, 남들이 하니까 따라 하는 것이 공부였다. 깊이 생각할 필요도, 이유를 찾을 필요도 없다고 여겼다.
하지만 책을 통해 공부의 본질이 '나의 성장'에 있다

는 것을 알게 되자,

'왜 성장해야 하는가?', '공부를 통해 어떤 성장을 하고 싶은가?'

라는 질문들이 꼬리를 물고 이어졌다. 더 이상 남들의 기준에 맞춰 공부하고 싶지 않았다. 오롯이 나 자신을 위한 이유를 찾고 싶었다.

책상 앞에 앉아 교과서를 펼치고도 한동안 글자를 읽지 않았다. 대신 눈을 감고 곰곰이 생각했다. 내가 배우는 수학은 왜 필요한 걸까? 단순히 문제를 풀기 위해서일까? 아니면 세상을 움직이는 논리와 규칙을 이해하는 힘을 기르기 위해서일까? 역사 속 수많은 사건과 인물들은 왜 알아야 하는 걸까? 과거를 통해 현재를 이해하고 미래를 내다보는 지혜를 얻기 위해서일까? 아니면 단순히 시험 문제의 답을 맞히기 위해서일까?

질문을 던질수록 그동안 자신이 얼마나 얕고 좁은 시야로 공부를 바라봤는지 깨달았다. 공부는 단순히 지식을 머릿속에 채워 넣는 행위가 아니었다. 세상을 이해하는 눈을 뜨게 하고, 복잡한 문제를 해결하는 논리적인 사고력을 길러주며, 다른 사람의 생각에 공감하고 비판적으로 받아들이는 힘을 키워주는 과정이었다. 교과서 속 모든 내용들은 저마다의 이유와 의미를 가지고 존재하고 있었다.

하지만 이런 깨달음이 곧바로 공부에 대한 뜨거운 열정으로 이어진 것은 아니었다. 여전히 책상 앞에 앉는 것은 힘들었고, 어려운 문제는 좌절감을 안겨주었다. '이렇게 멋진 의미가 있다고 해도, 결국 나는 못 해낼 텐데.' 하는 부정적인 생각도 들었다. '왜 공부하는가?'라는 질문에 대한 답을 찾는 과정은 생각보다 고통스러웠다. 스스로에게 솔직해져야 했고, 그동안 외면했던 자신의 부족함과 마주해야 했기 때문이다.

그래도 지우는 포기하지 않고 계속해서 자신에게 물었다. '나는 앞으로 어떤 사람이 되고 싶은가?', '내가 알고 싶은 것은 무엇인가?', '무엇이 나를 설레게 하는가?'. 아직 명확한 답을 찾지는 못했지만, 질문을 던지는 과정 자체가 지우를 조금씩 변화시켰다. 그동안 아무 생각 없이 흘려보냈던 시간을 되돌아보게 했고, 앞으로의 시간을 어떻게 채워나가야 할지 고민하게 만들었다.

어느 날, 혜진이 밤새 마감 작업에 시달리면서도 자신이 만든 캐릭터 이야기를 할 때 눈빛이 빛나는 것을 보았다. '혜진이는 만화가를 왜 하고 싶어 할까?' 그 질문은 다시 지우 자신에게로 돌아왔다. '나는 왜 공부를 해야 할까? 공부를 통해 혜진이가 만화에서 느끼는 것과 같은 즐거움을 느낄 수 있을까?'

'왜 공부하는가'라는 질문은 지우에게 공부의 목적지를 다시 설정하게 만들었다. 성적이라는 임시적인 목적지 대신, '나의 성장'이라는 영원한 목적지를 바라보게 했다. 그 과정에서 오는 어려움과 고통은 성장을 위한 당연한 대가로 받아들이기로 했다. 비록 그 답을 찾는 여정은 길고 힘들겠지만, 그 질문을 던지는 것 자체가 지우의 공부에 대한 태도를 근본적으로 변화시키는 시작이었다. 스스로에게 던진 이 작은 질문 하나가 지우의 인생 항로를 조금씩 틀어놓기 시작했다.

책상 정리, 바른 자세 등 사소한 실천

'왜 공부하는가'라는 질문에 대한 답을 스스로 찾기 시작하면서, 지우는 당장 거창한 계획을 세우기보다 아주 작고 사소한 변화부터 시도하기로 했다. 마치 오랜 시간 굳게 닫혀 있던 마음의 문을 조금씩 열어젖히듯, 일상 속의 작은 습관부터 바꿔나가기로 한 것이다. 책에서 읽었던 '성공은 작은 습관에서 시작된다!'라는 말이 떠올랐다.

가장 먼저 손을 댄 곳은 자신의 책상이었다. 성적표의 충격을 마주한 후, 책상 앞은 지우에게 도망치고 싶은 공간이었다. 온갖 잡동사니와 뒤죽박죽 섞인 교과서, 문제집, 그리고 그 위에 무심하게 놓여 있던 스마트폰까지. 어수선한 환경은 지우의 혼란스러운 마음 상태를 그대로 보여주는 듯했다. 지우는 큰맘 먹고 책상 위를 전부 비웠다. 필요한 것과 필요 없는 것을 분류하고, 오랫동안 쓰지 않던 물건들은 과감히 정리했다. 연필깎이 부스러기까지 말끔하게 닦아냈다. 책상 서랍 안도 정리하고, 책꽂이에 꽂힌 책들도 과목별로 가지런히 다시 꽂았다.

깨끗해진 책상을 보니 신기하게도 마음이 조금은 후련해졌다. 물리적인 공간을 정리하는 것이 심리적인 안정감에도 영향을 미친다는 것을 처음 알았다. 이전에는 책상에 앉으면 금방 산만해지고 딴생각이 들었는데, 깨끗한 책상 위에는 방금 공부하려던 과목의 책만 놓여 있으니 다른 곳으로 눈을 돌릴 여지가 줄어들었다. '이제 진짜 공부를 시작할 시간이야' 하고 환경이 말해주는 것 같았다. 책상 정리는 지우에게 '나 지금부터 달라질 거야'라고 스스로 다짐하는 의식과도 같았다.

다음은 앉는 자세였다. 그동안 지우는 책상에 앉으면 늘 구부정한 자세로 스마트폰을 들여다보거나 턱을 괴고 멍하니 창밖을 보곤 했다. 그런 자세는 금방 몸을 지치게 만들었고, 자연스럽게 공부에 대한 집중력을 떨어뜨렸다. 이제는 의식적으로 허리를 곧게 펴고 어깨를 활짝 펴려고 노력했다. 척추를 세우고 의자 깊숙이 앉아 발바닥을 땅에 붙이는 바른 자세를 유지하려고 애썼다. 처음에는 몸이 어색하고 불편해서 자꾸만 흐트러졌지만, 자세가 무너질 때마다 '아, 다시 바르게 앉아야지' 하고 스스로 다잡았다. 바른 자세는 몸을 깨우는 동시에 정신을 긴장시키는 효과가 있었다. 몸이 바로 서니 마음도 조금은 바로 잡히는 느낌이었다. 단순히 신체적인 편안함을 넘어, 공부에 임하는 마음가짐을 바로 세우는 중요한 습관이 되었다.

 이 외에도 사소한 실천들을 하나씩 더해보았다. 수업 시작 전 미리 교과서와 필기구를 꺼내놓는 습관, 수업 시간에 선생님과 눈을 맞추며 경청하려는 노력, 쉬는 시간에는 잠시 스트레칭을 하거나 교실 밖으로 나가 짧게 산책하며 머리를 식히는 것. 그리고 가장 중요하게 생각한 것은 '모르는 것을 모른다고 인정하는 것'이었다. 예전에는 모르는 것이 나오면 부끄러워서 그냥 넘어갔지만, 이제는 모르는 부분에 표시를 해두고 나중에 꼭 다시 확인해야 할 부분으로 남겨두었다. 모르는 것을 정확히 인지하는 것부터가 배움의 시작이라는 것을 깨달았다.

이런 사소한 실천들은 당장 눈에 띄는 극적인 변화를 가져오지는 않았다. 여전히 어려운 개념 앞에서는 좌절했고, 가끔은 다시 예전처럼 늘어지고 싶은 유혹에 흔들리기도 했다. 하지만 작은 실천들을 하나씩 해나갈 때마다 '내가 무언가를 해내고 있구나' 하는 작은 성취감을 느꼈다. 거대한 공부량에 압도당하기보다, 내가 통제할 수 있는 작은 부분부터 개선해 나가는 것이 훨씬 효과적이라는 것을 알게 되었다.

책상 정리와 바른 자세 같은 사소한 변화는 지우에게 '나는 할 수 있는 사람'이라는 작은 믿음을 심어주었다. 완벽하지는 않더라도, 스스로 주어진 환경을 개선하고 몸과 마음을 다잡으려는 노력이 모여 '꾸준함'이라는 힘을 만들어 낸다는 것을 배웠다. 이 작은 실천들은 지우가 공부라는 긴 여정을 포기하지 않고 계속 나아갈 수 있게 해주는 단단한 기초가 되어주었다.

지루함을 버티는 힘 기르기

'공부는 성장'이라는 깨달음을 얻고, 책상 정리와 바른 자세 같은 작은 실천들을 시작했지만, 그렇다고 공부 시간이 갑자기 마법처럼 즐거워진 것은 아니었다. 여전히 책상에 앉아 교과서를 펼치면 금방 지루함이 밀려왔다. 특히 이해하기 어려운 개념을 반복해서 보거나, 단순 암기가 필요한 부분을 공부할 때는 그 지루함이 고통스럽게 느껴졌다. '아, 이걸 언제 다 해?', '해도 해도 끝이 없네' 하는 생각에 한숨이 절로 나왔다.

예전 같았으면 바로 스마트폰을 집어 들거나 자리에 누워버렸을 것이다. 지루함을 견디지 못하고 금방 도망쳐버렸지. 하지만 이제는 그러고 싶지 않았다. '왜 공부하는가'라는 질문을 통해 나만의 이유를 찾았고, 작은 실천들을 통해 '나도 할 수 있다'는 아주 작은 믿음이 생겼기 때문이었다. 지루함은 여전히 강했지만, 그 지루함 속에서 버텨내는 힘을 길러야 한다는 것을 어렴풋이 깨달았다.

지루함과 싸우는 것은 쉽지 않았다. 몸은 자꾸만 다른 곳으로 향하고 싶어 했고, 머릿속은 온갖 재미있는 상상으로 가득 찼다. 창밖을 내다보거나, 손톱을 만지작거리거나, 책상 위 연필을 가지고 장난을 치는 자신을 발견할 때마다 '아, 또 이러고 있네' 하고 스스로를 다잡아야 했다. 지루함은 마치 끈적끈적한 거미줄처럼 지우를 얽어매고, 공부에서 벗어나 다른 편안하고 재미있는 곳으로 유혹했다.

책에서 읽었던 구절 중에는 '성공의 가장 큰 위협은 실패가 아니라 지루함'이라는 내용도 있었다. 처음에는 이해가 되지 않았지만, 직접 공부를 '꾸준히' 해보려고 노력하면서 그 말이 얼마나 맞는지 절감했다. 엄청난 실패를 경험하는 것보다, 매일 반복되는 지루함을 견디지 못하고 슬그머니 포기하는 게 훨씬 쉬웠다. 그리고 그것이 결국 아무것도 이루지 못하게 만든다는 것을 알게 되었다 버티는 연습.

그래서 지우는 지루함을 완전히 없애려고 하기보다, 그 속에서 을 시작했다. 타이머를 켜놓고 '딱 30분만 집중해보자' 하고 목표 시간을 정했다. 30분 동안은 다른 어떤 유혹에도 넘어가지 않고 책에만 집중하려고 애썼다. 30분이 지나면 잠깐 쉬는 시간을 가졌다. 처음에는 30분도 길게 느껴졌고, 그 시간 내내 집중하는 것은 거의 불가능했다. 하지만 조금씩, 아주 조금씩 시간을 늘려갔다. 30분, 40분, 50분, 목표 시간을 채웠을 때 느껴지는 작은 성취감은 지루함을 견뎌낸 것에 대한 보상처럼 느껴졌다.

지루함을 단순히 '견디는 것'을 넘어, 그 속에서 다른 의미를 찾으려고도 노력했다. 어려운 문제 하나를 붙잡고 씨름하며 '이 지루하고 힘든 과정을 이겨내면 분명 내가 한 뼘 더 성장할 거야'라고 스스로 말했다. 지루함은 성장을 위한 통과 의례 같은 것이라 생각했다. 지루함을 참고 한 발짝 더 나아갈 때, 비로소 몰랐던 것을 알게 되는 기쁨이나 문제를 해결하는 짜릿함을 맛볼 수 있다는 것을 경험을 통해 배우기 시작했다. 혜진이가 마감에 쫓기면서도 만화를 완성했을 때 느끼는 희열처럼, 지우도 지루함을 견뎌낸 공부 끝에 오는 성취감을 맛보고 싶었다.

때로는 공부 방법 자체에 변화를 주기도 했다. 계속 앉아서 책만 보는 것이 지루할 때는 소리 내어 읽어보거나, 내용을 요약하며 손으로 써보거나, 백지에 아는 것을 다 적어보는 식으로 방법을 바꿔보았다. 서킷 트레이닝처럼 짧은 시간 동안 여러 과목을 번갈아 공부하며 지루할 틈을 줄이려는 시도도 해보았다. 이런 작은 변화들은 지루함을 완전히 없애지는 못했지만, 적어도 공부 시간을 조금 더 견딜 만하게 만들어 주었다.

지루함 속에서 버티는 힘을 기르는 것은 매일의 작은 싸움이었다. 완벽하게 성공하지 못해도 괜찮다고 스스로 다독였다. 중요한 것은 포기하지 않고 계속해서 시도하는 것이었다. 지루함을 느낄 때마다 '아, 지금이 바로 버텨야 할 순간이구나' 하고 인지하고 다시 마음을 다잡았다. 이 과정을 통해 지우는 공부뿐만 아니라 삶의 다른 영역에서도 어려움과 마주했을 때 쉽게 포기하지 않고 끈기 있게 버텨내는 내면의 힘을 조금씩 키워나가고 있었다. 지루한 시간은 더 이상 무의미한 고통이 아니라, 자신을 단련하는 소중한 과정이 되어가고 있었다.

제6화

친구들에게 배우는 '몰입'의 가치

만화가의 꿈을 꾸는 혜진의 열정

지우가 공부 때문에 깊은 좌절감과 막막함에 빠져 있을 때, 가장 가까이에서 그녀를 지켜봐 준 친구는 혜진이었다. 혜진은 지우와 마찬가지로 학교 공부에는 큰 흥미를 느끼지 못했다. 수업 시간 내내 꾸벅꾸벅 졸거나, 노트 한구석에 알 수 없는 캐릭터들을 끄적이는 것이 일상이었다. 선생님께 가끔 혼이 나기도 했지만, 혜진의 얼굴에는 늘 해맑은 웃음이 떠나지 않았다. 그 이유는 바로 그녀의 가슴속에 자리 잡은 뜨거운 열정, 만화가라는 꿈 때문이었다.

혜진에게 세상은 온통 만화 소재로 가득했다. 친구들과의 사소한 대화, 길을 가다 본 풍경, 우연히 들은 노래까지 모든 것이 그녀의 머릿속에서는 새로운 이야기와 캐릭터로 재탄생했다. 쉬는 시간마다 혜진은 공책을 꺼내 들고 무언가를 빠르게 그렸다. 삐뚤빼뚤한 그림이었지만, 그 안에는 생생한 표정과 역동적인 움직임, 그리고 이야기가 담겨 있었다. 지우가 "야, 너 또 만화 그리냐?" 하고 물으면, 혜진은 눈을 반짝이며 "어! 어제 생각난 캐릭터인데, 얘는 엄청 시크한데 사실은 길냥이들 밥 챙겨주는 착한 애야!" 하고 신나게 설명했다.

혜진의 방은 작은 만화 작업실 같았다. 책꽂이에는 유명 웹툰 작가들의 단행본과 그림 관련 서적들이 가득했고, 책상 위에는 태블릿과 펜, 스케치북이 놓여 있었다. 밤늦게 혜진의 집에 전화하면 대부분 "앗, 지우야! 나 지금 마감 중인데!" 하는 다급한 목소리가 들려왔다. 혜진은 학교 공부를 마치고 집에 오면 늦은 밤까지 그림을 그리거나 스토리를 구상했다. 피곤할 법도 한데, 자신이 만든 캐릭터들이 살아 움직이고 이야기가 완성될 때마다 엄청난 행복감을 느끼는 것 같았다.

지우는 그런 혜진의 모습을 보며 신기해했다. 어떻게 저렇게 한 가지에 몰두할 수 있을까? 어떻게 저렇게 지치지 않고 그림을 그리고 이야기를 만들까? 지우에게 공부는 하면 할수록 힘이 빠지는 일이었지만, 혜진에게 만화는 하면 할수록 에너지가 샘솟는 일 같았다. 마감에 쫓겨 밤샘 작업을 할 때면 "아, 진짜 죽겠다 죽겠어!" 하고 엄살을 떨기도 했지만, 그림을 완성하고 나면 금세 언제 그랬냐는 듯 환하게 웃었다. 그 열정은 지우가 느껴본 적 없는 종류의 것이었다.

혜진은 단순히 만화를 '좋아하는 것'을 넘어, 만화가가 되기 위해 필요한 것이 무엇인지 스스로 찾아보고 노력했다. 유명 작가들의 그림체를 연구하고, 스토리텔링 강의를 찾아보거나 관련 책을 읽기도 했다. 그림 실력을 늘리기 위해 매일 꾸준히 크로키 연습을 하고, 캐릭터 디자인 연습을 했다. 지우에게 만화가가 되려면 어떤 노력이 필요한지 이야기해줄 때면 혜진의 눈빛은 더욱 빛났다.

지우는 혜진의 열정적인 모습을 보며 많은 것을 느꼈다. 자신이 공부 앞에서 쉽게 좌절하고 포기했던 것과는 달리, 혜진은 자신이 좋아하는 일 앞에서 얼마나 끈기 있고 성실한지를 보았다. 만화가를 향한 혜진의 꿈은 지우에게 '나도 공부에서 저런 열정을 가질 수 있을까?' 하는 질문을 던지게 했다. 혜진의 빛나는 눈빛 속에서 지우는 자신이 찾고 싶었던 '무언가에 몰두하는 기쁨', '스스로를 성장시키는 과정의 의미'를 어렴풋이 보았다.

  혜진의 만화가라는 꿈과 그를 향한 열정은 지우의 공부 이야기와는 다른 길이었지만, 결국 '좋아하는 일에 몰두하며 성장한다'는 본질에서는 통하는 것이었다. 혜진의 모습은 지우에게 '공부가 재미있어지는 순간'이 정말 존재할지도 모른다는 희미한 희망을 심어주었고, 자신도 무언가에 저렇게 몰두할 수 있는 사람이 되고 싶다는 작은 소망을 품게 했다. 혜진의 열정은 절망에 빠져 있던 지우에게 새로운 동기를 부여하는 중요한 자극이 되었다.

좋아하는 일에 대한 혜진의 끈기

혜진은 늘 활기차고 에너지가 넘치는 친구였지만, 그녀의 진짜 힘은 좋아하는 일에 대한 엄청난 '끈기'에서 나왔다. 만화가라는 꿈은 겉보기에는 자유롭고 재미있어 보였지만, 그 속에는 끝없는 노력과 인내, 그리고 마감이라는 현실적인 어려움이 숨어 있었다. 지우는 혜진의 가까이에서 그 과정을 지켜보며 혜진이 가진 끈기의 깊이를 깨달았다.

혜진은 매일 꾸준히 그림을 그렸다. 학교 수업이 끝나면 바로 집으로 가서 스케치북이나 태블릿 앞에 앉았다. 주말에는 친구들과 놀고 싶을 법도 한데, "아, 오늘 안에 콘티 다 짜야 해!", "캐릭터 디자인 수정해야 해서 못 나가!" 같은 말과 함께 만화 작업에 매달리는 날이 많았다. 그림 실력은 하루아침에 늘지 않는다는 것을 알기에, 기초부터 꾸준히 연습했다. 인물 크로키를 수십 장씩 그리거나, 배경 연습을 위해 사진을 보고 똑같이 따라 그리는 등 지루하고 반복적인 훈련도 게을리하지 않았다.

스토리 구상 역시 쉽지 않은 과정이었다. 머릿속에 재미있는 아이디어는 넘쳐났지만, 그걸 하나의 이야기로 만들고 기승전결을 짜는 것은 완전히 다른 문제였다. 혜진은 마음에 드는 스토리가 나올 때까지 쓰고 지우기를 반복했다. 밤늦게까지 혼자 방에서 끙끙 앓는 소리가 들려오기도 했다. "아 진짜! 이 부분이 왜 이렇게 안 풀리지?", "캐릭터 대사가 너무 오글거려!" 같은 푸념을 늘어놓을 때도 많았지만, 결국 다음 날 아침이면 "짜잔! 드디어 해결했어!" 하고 환하게 웃으며 완성된 콘티를 보여주곤 했다.

혜진에게 가장 큰 적은 '마감'이었다. 웹툰 공모전이나 특정 플랫폼에 올리기 위해 정해진 시간 안에 작업을 끝내야 했다. 마감 날짜가 다가오면 혜진의 얼굴에는 피로가 역력했다. 며칠 밤샘은 기본이었고, 손목이 아프다며 파스를 붙이고 그림을 그리는 날도 있었다. 지우가 "야, 그냥 좀 쉬면서 해. 그렇게까지 할 필요 있어?" 하고 말리면, 혜진은 "안 돼! 마감 못 지키면 다음 기회는 없어! 그리고 내가 만든 애들 이야기가 여기서 끝날 순 없잖아!" 하고 눈을 부릅떴다. 자신이 만든 캐릭터들과 이야기에 대한 책임감, 그리고 독자들이 자신의 만화를 기다릴지도 모른다는 생각에 혜진은 힘든 마감 과정을 끈기 있게 버텨냈다.

   혜진의 끈기는 단순히 '좋아하니까 할 수 있다'는 말로는 설명되지 않는, 자신의 꿈에 대한 강한 의지와 책임감에서 비롯된 것이었다. 좋아하는 일이라고 해서 늘 재미있는 순간만 있는 것이 아니라는 것을 혜진은 몸소 보여주었다. 지루하고 힘든 반복 작업, 머리가 아플 때까지 고민해야 하는 스토리 구상, 그리고 잠을 줄여가며 싸워야 하는 마감까지. 그 모든 어려움 속에서도 혜진은 포기하지 않았다.

지우는 혜진의 그런 끈기를 보며 충격을 받았다. 자신은 공부가 조금만 어려워져도, 조금만 지루해도 쉽게 포기하고 도망쳤는데. 혜진은 자신이 좋아하는 일이라는 이유로 그 모든 어려움을 묵묵히 견뎌내고 있었다. 혜진의 땀과 노력은 지우에게 큰 깨달음을 주었다. '아, 진짜 열정이 있다는 건 저런 거구나. 좋아하는 일에도 저렇게 끈기가 필요하구나.'

　혜진의 끈기는 지우에게 강한 동기 부여가 되었다. 자신이 공부의 지루함과 싸우며 버텨내는 힘을 기르려고 할 때, 혜진의 모습은 '나도 할 수 있다'는 용기를 주었다. 비록 분야는 다르지만, 꿈을 향해 끈기 있게 나아가는 혜진의 모습은 지우에게 '나도 공부를 통해 나만의 성장을 이루겠다'는 결심을 더욱 단단하게 만들어 주었다. 좋아하는 일에 대한 혜진의 끈기는 지우에게 '성장에는 고통이 따르지만, 포기하지 않으면 반드시 결실을 맺는다'는 진리를 보여주는 산 증거였다.

서로의 꿈을 응원하며 자극받기

　지우와 혜진이는 가장 친한 친구였지만, 서로의 꿈은 완전히 다른 방향을 향하고 있었다. 지우는 처절한 실패 끝에 공부의 의미를 새롭게 깨닫고 성장을 향한 발걸음을 내디뎠고, 혜진이는 어릴 적부터 품어온 만화가라는 꿈을 향해 쉼 없이 달려가고 있었다. 공부에 대한 열정이라고는 눈곱만큼도 없었던 두 친구는 이제 각자의 분야에서 뜨거운 열정을 불태우기 시작했다. 그리고 서로의 다른 꿈을 응원하며 긍정적인 자극을 주고받았다.
　지우는 혜진이가 만화 작업에 몰두하는 모습을 볼 때마다 신기함과 존경심을 느꼈다. 어려운 마감에 쫓겨 밤샘을 하고, 손목이 아프다며 파스를 붙이면서도 그림을 놓지 않는 혜진의 끈기는 지우에게 큰 울림을 주었다. "야, 너 진짜 대단하다. 그렇게 힘든데 어떻게 계속해?" 하고 물으면, 혜진이는 "힘들긴 한데, 내가 그린 캐릭터들이 살아 움직이는 걸 보면 하나도 안 힘들어!" 하고 웃었다. 지우는 혜진의 그 말 속에서 '좋아하는 일'이 주는 힘이 얼마나 대단한지 느꼈다. 지우는 혜진의 콘티를 함께 보며 피드백을 해주기도 하고, 혜진이가 힘들어할 때 옆에서 간식을 챙겨주며 묵묵히 응원했다. 비록 만화에 대해 잘 알지는 못했지만, 혜진이의 꿈을 진심으로 응원하는 마음만은 가득했다.

혜진이도 지우의 변화를 가장 가까이에서 지켜보며 응원했다. 처참했던 첫 중간고사 성적을 보고 절망했던 지우가 '공부는 성장'이라는 깨달음을 얻은 후 조금씩 달라지는 모습을 보며 혜진이는 놀라워했다. "야, 너 진짜 바뀌었다? 옛날에는 책상에 앉아 있는 걸 세상에서 제일 싫어했잖아!" 하고 놀리면, 지우는 쑥스럽게 웃으며 "그러게. 나도 내가 이렇게 될 줄 몰랐어. 책에서 좋은 내용을 봐서 그런가 봐." 하고 답했다.

혜진이는 지우가 공부 때문에 힘들어할 때 자신의 마

감 이야기를 해주며 공감대를 형성했다. "공부도 마감처럼 힘들 때가 있지? 그래도 그거 이겨내면 엄청 뿌듯할 거야!" 혜진이는 지우가 어려운 문제 하나를 해결하거나 새로운 개념을 이해했다고 말할 때마다 "와, 대박! ffjh 진짜 잘하고 있어!" 하고 진심으로 기뻐해주었다. 혜진이의 격려는 지우에게 큰 힘이 되었다. 자신이 걸어가는 공부의 길이 외롭지 않다는 것을 느끼게 해주었다.

서로의 다른 분야에서 노력하는 모습은 서로에게 긍정적인 자극이 되었다. 혜진이는 지우가 공부에 집중하는 모습을 보며 '나도 만화 작업 외에 필요한 다른 공부도 좀 해볼까?' 하고 생각하게 되었고, 지우는 혜진이 좋아하는 일에 푹 빠져 몰두하는 모습을 보며 '나도 공부를 통해 저런 재미를 느껴야겠다'고 다짐했다. 서로의 꿈을 폄하하거나 무시하는 대신, 각자가 선택한 길에서 최선을 다하는 모습을 보며 서로에게 좋은 영향을 주었다.

친구의 꿈을 진심으로 응원하고, 친구의 노력을 보며 나 스스로도 더 나아가야겠다는 자극을 받는 것. 그것이 지우와 혜진이의 관계를 더욱 단단하게 만들었다. 두 사람은 비록 다른 곳을 보고 있었지만, '성장'이라는 공통된 가치를 향해 나아가고 있었다. 서로 다른 분야에서 땀 흘리며 노력하는 친구의 존재는 지우에게 큰 힘이 되었고, 혜진 역시 지우의 변화를 보며 자신의 꿈에 대한 확신을 더욱 굳건히 했다. 서로의 꿈을 응원하는 따뜻한 마음과 그 속에서 얻는 긍정적인 자극은 두 친구의 성장에 소중한 밑거름이 되었다.

제7화

공부의 재미를 발견하는 순간들

'아하!' 개념이 이해되는 짜릿함

책상 정리, 바른 자세, 그리고 지루함을 버티는 연습까지. 지우는 아주 사소한 것부터 시작하며 공부에 대한 태도를 바꿔나갔다. 여전히 매일 매일이 쉬운 싸움은 아니었다. 특히 이해되지 않는 개념 앞에서 몇 시간씩 붙잡고 있을 때면 예전처럼 포기하고 싶은 마음이 불쑥불쑥 치밀어 올랐다. '내가 이걸 이해할 수 있을까?', '시간 낭비하는 건 아닐까?' 하는 불안감이 마음속을 파고들었다.

하지만 이제 지우는 도망치는 대신, 지루하고 어려운 과정을 견뎌내는 힘을 조금씩 기르고 있었다. 모르는 부분은 표시해 두고, 수업 시간에 놓친 부분은 다시 찾아보거나 참고서를 보며 보충했다. 한번 앉으면 정해둔 시간까지는 최대한 버티려고 노력했다. 그리고 그렇게 끈기 있게 매달린 시간 속에서, 지우는 그동안 느껴보지 못했던 새로운 종류의 감정을 마주하게 되었다.

오랜 시간 붙잡고 있던 수학 문제였다. 아무리 봐도 풀이가 이해되지 않았고, 관련된 개념 설명도 머릿속에서 겉돌기만 했다. 해설지를 봐도 왜 그렇게 되는지 도무지 알 수가 없었다. 한숨을 쉬며 잠시 책에서 눈을 뗐다가 다시 문제를 보는데, 문득 이전에 풀었던 다른 문제의 풀이 방식이 떠올랐다. 혹시 저 개념을 여기에 적용할 수 있지 않을까? 반신반의하며 배웠던 개념들을 하나씩 대입해 보는데, 마치 얽혀 있던 실타래가 풀리듯 딱 들어맞는 느낌이 들었다. 머릿속에서 흩어져 있던 조각들이 맞춰지면서 전체적인 그림이 완성되었다.

그 순간, 마치 깜깜한 터널을 지나 환한 빛을 만난 듯한 짜릿함이 온몸을 감쌌다. '아하! 이거였구나!' 하고 저절로 탄성이 터져 나왔다. 이전에 봤을 때는 아무 의미 없었던 공식과 기호들이 갑자기 명확하게 이해되었다. 왜 풀이가 그렇게 진행되는지, 각 단계가 어떤 의미를 가지는지 단번에 알 수 있었다. 그동안 답답했던 마음이 뻥 뚫리는 기분이었다. 이 깨달음은 단순히 문제를 맞혔을 때 얻는 만족감과는 차원이 달랐다. 몰랐던 것을 알게 되었다는 기쁨, 이해하지 못했던 것을 완벽하게 이해했다는 성취감.

다른 과목에서도 비슷한 경험을 하기 시작했다. 역사 시간에 아무리 외워도 헷갈렸던 사건들의 순서와 배경이, 당시 시대 상황과 연결 지어 생각하니 자연스럽게 이해되었다. 영어 지문을 읽다가 문득 복잡해 보였던 문장 구조가 왜 그렇게 쓰였는지 문법 규칙과 연결되어 파악되는 순간, '아!' 하는 감탄사가 터져 나왔다. 과학 시간에 머릿속에서 맴돌기만 하던 공식이 어떤 자연 현상을 설명하는지 깨닫는 순간, 신비로운 느낌마저 들었다.

이런 '아하!'의 순간들은 자주 찾아오지는 않았다. 여전히 많은 시간은 지루함과 싸우고, 어려움 앞에서 좌절해야 했다. 하지만 가끔씩 찾아오는 이 짜릿한 깨달음의 순간들이 지우에게는 큰 동기가 되었다. 마치 긴 어둠 속에서 만나는 작은 불빛처럼, 이 순간들이 지우에게 '포기하지 않고 계속하면 이런 기쁨을 맛볼 수 있구나'라고 말해주는 것 같았다.

'공부는 성장이다'라는 책의 메시지를 머리로만 이해했던 것이 아니라, 몸과 마음으로 직접 느끼게 된 순간이었다. 어려운 과정을 견뎌내고 한 겹씩 지식의 베일을 벗겨냈을 때, 비로소 마주하게 되는 진실과 깨달음. 그것이 공부가 주는 진짜 재미라는 것을 알게 되었다. 성적이 얼마나 오를지는 아직 알 수 없었지만, 최소한 '공부하는 과정 자체'에서 오는 이 짜릿한 기쁨만으로도 책상 앞에 앉아 있는 시간이 예전처럼 고통스럽지만은 않게 되었다. '아하!' 하고 외치는 작은 순간들이 쌓여, 지우는 조금씩 공부의 세계에 빠져들고 있었다.

문제 해결에서 오는 성취감

 '아하!' 하고 개념을 이해하는 짜릿함만큼이나 지우에게 큰 기쁨을 준 것은, 바로 어렵던 문제를 스스로의 힘으로 해결했을 때 오는 성취감이었다. 단순히 개념을 이해하는 것을 넘어, 그 개념을 활용하여 복잡하게 꼬여 있는 문제를 풀어냈을 때 느껴지는 뿌듯함은 지우에게 '나도 할 수 있다'는 강한 자신감을 심어주었다.

 예전에는 문제를 풀다가 막히면 금방 해설지를 보거나 친구에게 물어봤다. 조금만 어려워도 '이건 내가 풀 수 없어'라고 단정 짓고 쉽게 포기했다. 문제를 붙잡고 씨름하는 시간 자체가 고통스러웠기 때문이다. 하지만 이제는 달랐다. '왜 공부하는가'에 대한 스스로의 답을 찾고, '공부는 성장'이라는 깨달음을 얻은 후, 문제는 더 이상 피하고 싶은 대상이 아니라 도전하고 싶은 상대로 다가왔다.

  어느 날, 수학 문제집을 풀다가 유독 어려운 문제를 만났다. 처음에는 아무리 생각해도 풀이 방향이 잡히지 않았다. 예전에 배웠던 개념들을 떠올려 보고, 비슷한 유형의 문제를 찾아보았지만 쉽지 않았다. 한 시간 가까이 그 문제만 붙잡고 끙끙거렸다. 이마에는 땀이 맺혔고, 머릿속은 복잡하게 얽히는 것 같았다. '그냥 해설 볼까?' 하는 유혹이 강하게 밀려왔다. 예전 같았으면 이미 해설지를 펴서 들었을 시간이었다.

하지만 그때, 혜진이가 마감 때문에 밤새 그림을 그리면서도 포기하지 않던 모습이 떠올랐다. 지루함 속에서 버텨내는 연습을 통해 길렀던 작은 끈기도 떠올랐다. '조금만 더 해보자. 딱 10분만 더 생각해보자.' 스스로를 다독이며 다시 문제 속으로 파고들었다. 배웠던 개념들을 이리저리 조합해 보고, 다른 관점에서 문제를 바라보려고 애썼다.

  그렇게 몇 분이 더 흘렀을까. 문득 이전에 배웠던 하

나의 공식이 이 문제에 결정적으로 적용될 수 있다는 생각이 스쳤다. 유레카! 반신반의하며 공식을 적용하고 계산을 이어 나갔다. 숫자들이 맞아떨어지고, 풀이 과정이 자연스럽게 이어졌다. 마지막 답을 적고 문제집 뒤편의 해설을 확인하는 순간, '정답'이라는 글자를 보았을 때 지우는 자신도 모르게 환호성을 질렀다. 아무 도움 없이, 오롯이 스스로의 힘으로 어려운 문제를 해결해 낸 것이다.

그때 느꼈던 성취감은 그 어떤 것과도 비교할 수 없었다. 마치 높은 산 정상에 올라섰을 때 느껴지는 뿌듯함과 짜릿함이 뒤섞인 것 같았다. 단순히 답을 맞혔다는 기쁨을 넘어, '내가 생각하는 힘을 길렀구나', '어려움을 이겨낼 수 있는 끈기가 생겼구나' 하는 자신감이 솟아났다. 그동안 자신을 '공부 못하는 사람'이라고 단정 지었던 스스로에 대한 불신이 조금씩 허물어지는 것을 느꼈다.

이런 문제 해결의 성공 경험이 쌓이면서, 지우는 어려운 문제를 마주하는 것에 대한 두려움이 줄어들었다. 처음에는 막막해도, 끈기 있게 시도하고 다양한 방법을 모색하면 결국 해결할 수 있다는 것을 배웠기 때문이다. 문제는 더 이상 지우를 좌절시키는 존재가 아니라, 자신의 능력을 시험하고 성장시키는 기회가 되었다.

지식이 쌓이는 기쁨 맛보기

지우가 '공부는 성장'이라는 깨달음을 얻고, 지루함 속에서 버티는 힘을 기르면서 가장 크게 달라진 점 중 하나는 바로 '지식'을 대하는 태도였다. 예전에는 지식이 그저 시험을 잘 보기 위한 도구에 불과했다면, 이제는 세상을 이해하는 열쇠, 자신을 성장시키는 밑거름으로 보이기 시작했다. 그리고 그 지식이 하나씩 쌓이고 연결될 때 오는 기쁨을 맛보게 되었다.

처음에는 모든 것이 파편처럼 흩어져 있었다. 수학의 공식, 과학의 용어, 역사의 사건들, 각자 따로따로 존재하는 것처럼 느껴졌다. 하지만 끈기 있게 공부를 이어가면서, 파편 같았던 지식이 조금씩 서로 연결되기 시작했다.

예를 들어, 세계사 시간에 르네상스 시대를 배우면서 미술 시간에 배웠던 레오나르도 다빈치나 미켈란젤로 같은 화가들이 왜 그때 등장했는지 이해하게 되었다. 그들의 예술 작품이 단순히 멋진 그림이 아니라, 그 시대의 인문주의 정신과 과학적 탐구의 결과물이라는 것을 알게 되었을 때, 지우는 마치 퍼즐 조각이 맞춰지는 듯한 짜릿함을 느꼈다. 역사와 미술이라는 서로 다른 과목의 지식이 연결되면서, 세상을 더 넓고 깊이 있게 이해하게 된 것이다.

과학 시간에도 비슷한 경험을 했다. 물리 시간에 배운 에너지 보존 법칙이 생명과학 시간에 나오는 광합성이나 호흡 과정과 연결된다는 것을 알게 되었을 때, 자연 현상이 모두 연결되어 있다는 사실에 놀라움을 금치 못했다. 화학 시간에 원자의 구조를 배우고 나니, 왜 특정 물질들이 그런 성질을 가지는지 이해하는 데 도움이 되었다. 지식이 쌓일수록 세상이 훨씬 논리적이고 흥미로운 곳처럼 느껴졌다.

단순히 교과서 속 지식뿐만이 아니었다. 책을 읽다가, 뉴스를 보다가, 친구와 이야기하다가 접하는 새로운 정보들이 공부를 통해 얻은 지식과 연결될 때도 큰 기쁨을 느꼈다. 영화를 보다가 역사적인 배경을 이해하게 되거나, 신문 기사를 읽다가 경제 용어의 의미를 파악하게 되었을 때, '아, 내가 공부한 것이 이런 거였구나!' 하고 뿌듯함을 느꼈다. 세상이 이전보다 훨씬 선명하고 입체적으로 보이기 시작했다.

지식이 쌓인다는 것은 단순히 머릿속에 많은 정보를 집어넣는 것을 넘어섰다. 그것은 세상을 이해하는 새로운 '눈'을 뜨는 것과 같았다. 이전에는 보이지 않았던 것들이 보이고, 들리지 않았던 것들이 들렸다. 현상을 깊이 이해하고, 다양한 관점에서 문제를 바라보는 힘이 길러졌다. 이는 지우가 스스로 생각하고 판단하는 능력을 키우는 데 중요한 밑거름이 되었다.

처음에는 '왜 공부하는가?'라는 질문에 대한 명확한 답을 찾기 어려웠다. 하지만 지식이 쌓이고 연결되는 기쁨을 맛보면서, 공부의 진짜 의미를 몸소 느끼게 되었다. 공부는 더 이상 지루하고 고통스러운 의무가 아니라, 자신을 성장시키고 세상을 이해하는 흥미로운 여정이었다. 매일매일 조금씩 지식이 쌓여가는 것을 느끼면서, 지우는 자신이 점점 더 단단하고 지혜로운 사람으로 변해가고 있다는 것을 실감했다.

지식이 쌓이는 기쁨은 지우에게 끝없는 탐구심을 불어넣어 주었다. 알면 알수록 더 알고 싶어졌고, 배우면 배울수록 더 깊이 파고들고 싶어졌다. 이 기쁨은 성적이나 등수로는 환산할 수 없는, 오롯이 자신만이 누릴 수 있는 소중한 것이었다. 지식이 쌓이는 순간들은 지우에게 공부가 왜 그토록 가치 있는 일인지를 매일매일 새롭게 알려주는 빛나는 순간들이었다.

제8화

함께 성장하는 우리들의 이야기

민서에게 배우는 공부 습관

지우가 '공부는 성장'이라는 깨달음을 얻고 자신만의 속도로 공부를 시작했을 때, 옆자리 친구 민서는 지우에게 또 다른 의미로 다가왔다. 민서는 늘 조용하고 차분했지만, 공부에 있어서 만큼은 흔들림 없이 꾸준한 모습을 보여주었다. 첫 중간고사 때 좋은 성적을 받았지만, 민서는 들뜨거나 자만하지 않고 묵묵히 자신의 공부를 이어나갔다. 지우는 그런 민서의 모습을 보며 '진짜 공부하는 사람은 다르구나' 하고 느꼈다.

　예전 같았으면 민서를 보며 '나는 아무리 해도 쟤처럼 못 할 거야'하고 비교하며 초라해졌을 것이다. 하지만 이제는 달랐다. 민서를 경쟁 상대가 아닌, 배울 점이 많은 친구로 보게 되었다. 민서가 어떻게 저렇게 꾸준하게 공부할 수 있는지, 어떤 습관을 가지고 있는지 궁금해졌다. 쉬는 시간에 용기를 내어 민서에게 조심스럽게 말을 걸었다.

"민서야, 너는 어떻게 그렇게 꾸준히 공부할 수 있어? 나는 조금만 지나도 집중하기 힘들고"

민서는 예상외로 흔쾌히 자신의 공부 방법에 대해 이야기해주었다. 화려한 비법이나 특별한 재능에 관한 이야기가 아니었다. 아주 기본적인 것들, 하지만 지우에게는 부족했던 것들이었다.

"나는 매일 아침 계획을 세워. 오늘 하루 동안 어떤 과목을 얼마나 공부할지 정하고, 그걸 지키려고 노력해."

민서는 거창한 계획 대신, 하루에 감당할 수 있는 만큼의 작은 목표를 세우는 것이 중요하다고 말했다. 처음에는 계획대로 되지 않아도 괜찮다며, 중요한 것은 계획을 세우고 그걸 지키려고 '노력하는 과정' 자체라고 덧붙였다. 지우는 그동안 계획 없이 닥치는 대로 공부했거나, 너무 비현실적인 계획을 세워 금방 포기했던 자신을 돌아보았다. '아, 계획을 세우는 것부터가 시작이구나.'

민서는 또한 '복습'의 중요성을 강조했다.

"수업 끝나고 바로 복습하는 게 제일 좋아. 그날 배운 걸 바로 다시 보면 훨씬 기억에 오래 남거든."

지우는 늘 수업 내용을 이해하지 못한 채 넘어갔고, 나중에야 벼락치기로 다시 보려고 했었다. 민서의 말을 듣고 그날 배운 내용을 짧게라도 훑어보는 복습 습관을 들이기로 했다. 처음에는 귀찮았지만, 복습을 하고 안 하고의 차이가 얼마나 큰지 곧 깨닫게 되었다.

민서의 공부 습관 중 가장 인상 깊었던 것은 '오답 노트'를 활용하는 방식이었다. 민서는 틀린 문제나 헷갈리는 개념을 그냥 넘어가지 않고 꼭 오답 노트에 정리했다. 왜 틀렸는지 분석하고, 다시는 같은 실수를 반복하지 않도록 신경 썼다. 지우는 그동안 틀린 문제는 그저 틀린 문제로 남겨두었다. 다시 보면 또 틀릴 것을 알면서도 제대로 확인하지 않았다. 민서의 오답 노트는 지우에게 '실패를 통해 배우는 것'의 중요성을 알려주었다.

　민서에게서 배운 습관들은 사실 특별한 것이 아니었다. 계획 세우기, 복습하기, 오답 정리하기. 누구나 알고 있지만 실천하기 어려운 기본적인 것들이었다. 하지만 민서는 그 기본적인 것들을 매일매일 꾸준히 해내고 있었다. 지우는 민서의 성실함을 보며 '진짜 실력은 타고나는 것이 아닌 꾸준한 습관에서 오는구나!' 하고 깨달았다.

　민서는 지우의 변화를 눈치채고 가끔 격려해 주었다.
　"요즘 책상 보니까 되게 깔끔해졌더라. 자세도 좋아지고!"

　민서의 칭찬은 지우에게 큰 힘이 되었다. 자신이 혼자 노력하고 있다고 생각했는데, 친구가 자신의 작은 변화를 알아봐 주니 뿌듯하고 더 열심히 하고 싶은 마음이 들었다.

　민서에게 배우는 공부 습관은 지우의 공부 방식을 체계적으로 바꾸는 데 큰 도움이 되었다. 막막했던 공부에 작은 틀이 생기고 방향이 잡히는 느낌이었다. 민서는 지우에게 완벽한 멘토는 아니었지만, 묵묵히 자신의 길을 걸어가는 친구의 모습을 통해 지우는 꾸준함과 성실함의 가치를 배우고 자신의 공부 습관을 하나씩 만들어나갔다. 친구의 좋은 점을 보고 배우는 지우의 모습에서 성장의 가능성을 엿볼 수 있었다.

현우와 나누는 깊이 있는 대화

지우가 공부에 대한 태도를 바꾸고 스스로 '왜 공부하는가?'라는 질문을 던지기 시작했을 때, 같은 반 친구 현우는 지우에게 또 다른 종류의 자극을 주었다. 현우는 태준이나 혜진이처럼 왁자지껄하게 어울리는 스타일은 아니었다. 조용하고 차분했으며, 쉬는 시간에도 책을 읽거나 혼자 사색에 잠겨 있는 모습이 많았다. 처음에는 다가가기 어려운 친구라고 생각했지만, 우연히 현우와 대화를 나누면서 지우는 그가 가진 지식의 깊이와 세상을 바라보는 넓은 시야에 놀라게 되었다.

지우가 역사 수업 내용에 대해 궁금한 점이 생겨 민서에게 물어보려다가, 마침 옆에 있던 현우에게 질문하게 된 것이 계기였다. 역사책에 나오는 특정 사건의 배경이나 그 사건이 현재에 미치는 영향에 대해 지우는 잘 이해되지 않았다. 그런데 현우는 교과서에 나온 내용 외에도 당시의 시대 상황, 다른 나라의 정세, 그리고 그 사건 이후의 역사적 흐름까지 연결 지어 설명해주었다. 그의 설명은 딱딱한 암기 내용을 넘어, 살아있는 이야기처럼 흥미로웠다.

"와, 현우야! 너 진짜 역사 잘 안다! 어떻게 그렇게 자세히 알아?"

지우가 감탄하자, 현우는 쑥스럽게 웃으며 답했다.

"음... 그냥 궁금한 게 많아서 이것저것 찾아보다 보니까 그렇게 됐어. 역사라는 게 결국 사람 사는 이야기고, 지금 우리가 사는 세상이랑 다 연결되어 있거든."

그 후로 지우는 종종 현우에게 공부하면서 궁금했던 점이나 수업 시간에 이해되지 않았던 내용을 물었다. 그때마다 현우는 지우의 질문에 귀 기울여주었고, 자신의 지식을 차분하게 나누어 주었다. 단순히 정답을 알려주는 것이 아니라, 그 지식이 왜 중요하고 어디에 연결되는지, 그리고 어떤 의미가 있는지 이야기해 주었다. 과학 시간에 배운 이론이 우리 생활 속 어떤 현상과 관련 있는지, 사회 문제 뒤에 숨겨진 역사적 배경은 무엇인지 등 현우와의 대화를 통해 지우는 교과서 속 지식이 현실 세계와 얼마나 밀접하게 연결되어 있는지를 깨닫게 되었다.

 현우와의 대화는 지우의 호기심을 더욱 자극했다. '아, 이런 것도 있었구나!', '이건 왜 그런 걸까?' 끊임없이 새로운 질문들이 떠올랐고, 그 질문들에 대한 답을 찾아가는 과정 자체가 즐거워졌다. 현우는 지우에게 특정 분야에 대한 깊이 있는 지식을 탐구하는 것이 얼마나 재미있는 일인지를 보여주었다. 단순히 시험을 잘 보기 위한 공부가 아니라, 순수한 지적인 탐구심에서 비롯된 공부가 얼마나 즐거울 수 있는지를 알게 되었다.

 또한 현우는 세상을 바라보는 다양한 관점을 제시해 주었다. 한 가지 문제에 대해서도 여러 가지 측면에서 생각해 보고, 비판적인 시각으로 바라보는 법을 이야기해 주었다. 지우는 현우와의 대화를 통해 지우는 자신의 생각이 얼마나 좁았는지를 깨달았고, 더 넓고 깊이 생각하려는 노력을 시작했다.

현우는 지우의 변화를 조용히 지켜보며 응원해 주었다. 지우가 공부에 재미를 느끼기 시작했다고 이야기했을 때, 현우는 진심으로 기뻐해 주며

"맞아, 공부는 알면 알수록 재밌는 것 같아."

하고 말했다. 현우와의 깊이 있는 대화는 지우가 공부의 본질적인 즐거움을 느끼고, 지식 탐구에 대한 순수한 열정을 키워나가는 데 큰 영향을 미쳤다.

성적이나 경쟁보다는, 지식 자체에 대한 순수한 호기심과 탐구심으로 연결된 현우와의 대화는 지우에게 '공부란 이런 것이구나' 하고 다시 한번 깨닫게 해주는 소중한 시간이었다. 지적인 교류를 통해 서로에게 긍정적인 영향을 주고받는 친구의 존재는 지우의 성장에 중요한 밑거름이 되었다.

서준의 노력에서 보는 과정의 중요성

지우 주변의 친구들은 각자 다른 방식으로 지우에게 영향을 주었다. 혜진이는 만화에 대한 불타는 열정으로, 현우는 지식 탐구에 대한 순수한 호기심으로 지우에게 자극을 주었다면, 서준이는 묵묵히 땀 흘리는 '노력의 과정'이 얼마나 중요한지를 몸소 보여주는 친구였다. 서준이는 공부보다는 운동(혹은 악기 연습 등 특정 분야의 활동)에 더 집중하는 친구였는데, 지우는 서준이의 모습을 보며 자신이 그동안 얼마나 결과에만 매달렸는지를 깨닫게 되었다.

서준이는 늘 연습장에서 살았다. 방과 후에도 남아서 늦게까지 훈련하거나, 주말에도 쉬지 않고 연습하는 서준이의 모습은 지우에게는 신기하게 다가왔다. 처음에는 '뭘 저렇게까지 열심히 할까?' 하고 대수롭지 않게 생각했다. 눈에 보이는 결과, 예를 들어 경기에서 이기거나 대회에서 좋은 성적을 내는 것이 중요하다고 생각했지, 그 결과에 이르기까지의 과정이 얼마나 고되고 중요한지는 잘 몰랐다.

하지만 지우가 공부의 의미를 성장에서 찾고 작은 실천들을 시작하면서, 서준이의 노력이 다르게 보이기 시작했다. 서준이는 매일 똑같은 기본기 연습을 반복하고, 힘들어도 멈추지 않고 훈련에 매달렸다. 잘되지 않을 때는 좌절하기도 하고, 때로는 부상으로 힘들어하기도 했다. 하지만 그런 어려움에서도 서준이는 포기하지 않고 다시 일어나 묵묵히 자신의 훈련을 이어갔다. 그의 땀방울과 지치지 않는 모습에서 눈에 보이지 않는 강인함이 느껴졌다.

어느 날 지우는 연습을 마치고 땀에 흠뻑 젖어 있는 서준이에게 물었다.

"야, 매일 똑같은 연습 하는 거 지루하지 않아? 힘들고 재미없을 때도 많을 것 같은데."

서준이는 잠시 생각하더니 환하게 웃으며 대답했다.

"지루할 때도 있지! 당연히 힘들고 재미없을 때도 많아. 그런데 있잖아, 매일매일 조금씩이라도 연습을 하면 어제보다 오늘 내가 아주 조금이라도 나아졌다는 게 느껴질 때가 있어. 공을 다루는 느낌이 달라지거나, 힘이 더 붙은 것 같거나. 그런 작은 변화들을 느낄 때마다 계속할 힘이 생겨."

서준이의 말은 지우의 마음에 깊이 와닿았다. 지우는 그동안 공부를 하면서 결과(성적)에만 집중했다. 과정은 그저 지루하고 피하고 싶은 시간일 뿐이었다. 그래서 성적이 안 나왔을 때 모든 것을 잃은 것처럼 절망했던 것이다. 하지만 서준이는 달랐다. 그는 눈앞의 결과뿐만 아니라, 매일 땀 흘리는 '과정' 자체에 의미를 두고 있었다. 어제의 자신보다 조금이라도 더 나아지기 위해 반복하는 지루하고 힘든 연습 속에서 성장의 기쁨을 찾고 있었다.

지우는 서준이의 모습을 보며 공부에도 똑같이 적용된다는 것을 깨달았다. 매일 교과서를 펼치고 문제를 푸는 지루하고 힘든 과정들이 바로 '성장'을 위한 연습이었다. 당장 눈에 보이는 결과가 없더라도, 꾸준히 책상에 앉아 생각하고 이해하려 노력하는 시간이 쌓여 결국 자신을 변화시킨다는 것을 알게 되었다. 서준이가 매일 흘리는 땀방울이 그의 실력을 쌓아 올리듯, 지우가 책상에서 보내는 시간은 지식과 지혜, 그리고 내면의 단단함을 쌓아 올리는 과정이었다.

제9화

두 번째 시험, 달라진 마음가짐

불안함 대신 '차분함'으로 준비

    시간은 흘러 첫 중간고사의 트라우마가 채 가시기도 전에, 두 번째 중간고사 기간이 다가왔다. 예전 같았으면 시험 날짜가 정해지는 순간부터 가슴이 답답해지고 불안감이 엄습했을 것이다. 지난번의 처참한 결과가 떠올라 '이번에도 망하면 어떡하지?' 하는 걱정에 아무것도 손에 잡히지 않았을 것이다. 밤에는 제대로 잠도 못 자고, 낮에는 괜히 신경질적으로 변했을지도 모른다. 시험은 지우에게 공포의 대상이었다.

    하지만 이번에는 달랐다. 물론 시험에 대한 긴장감은 여전히 있었지만, 첫 시험 때처럼 숨 막히는 불안감은 느껴지지 않았다. 마음속에 '이번에는 잘 봐야 한다.'라는 압박감이 아니라, '내가 얼마나 성장했는지 확인해보자'는 차분한 기대감이 자리 잡고 있었다. '공부는 경쟁이 아니라 성장'이라는 깨달음을 얻고, 매일매일 작은 실천들을 꾸준히 해오면서 지우의 마음은 훨씬 단단해져 있었다.

지우는 계획부터 세웠다. 민서에게 배운 대로, 남은 기간동안 어떤 과목을 얼마나 공부할지, 부족한 부분은 어디인지 차근차근 파악했다. 벼락치기 대신, 매일매일 정해진 양을 꾸준히 공부하는 방식으로 시험을 준비했다. 계획을 세우고 나니 막막했던 공부량이 머릿속에 그려졌다. 할 일을 명확히 아니까 어디서부터 시작해야 할지 헤매지 않았고, 계획대로 실천할 때마다 작은 성취감을 느낄 수 있었다.

공부를 할 때도 예전처럼 안절부절못하거나 쉽게 포기하지 않았다. 어려운 개념이 나오면 '아하!' 하고 이해했던 순간들을 떠올리며 끈기 있게 파고들었다. 막히는 문제가 나오면 해설지를 바로 보기보다 서준이가 매일 땀 흘리며 연습했던 모습을 떠올리며 스스로 해결하려고 노력했다. 지루함이 찾아와도 '지금이 바로 버텨야 할 순간이다'라고 스스로를 다독이며 집중력을 유지하려고 애썼다.

　가장 큰 변화는 시험 결과에 대한 태도였다. 물론 좋은 점수를 받고 싶었다. 노력한 만큼의 결과를 얻고 싶은 마음은 당연했다. 하지만 지난번처럼 점수 하나하나에 자신의 가치를 매기거나, 친구들과 비교하며 일희일비하지 않으려고 했다. 이번 시험은 오롯이 '나 자신'과의 싸움이었다. 그동안 내가 얼마나 꾸준히 노력했는지, 얼마나 성장했는지를 확인하는 과정이라고 생각했다. 결과가 기대에 미치지 못하더라도 괜찮다고 스스로 말했다. 중요한 것은 시험 점수가 아니라, 시험을 준비하는 과정에서 내가 얼마나 성실했고 최선을 다했는지, 그리고 그 과정에서 내가 무엇을 배우고 성장했는지였다.

　혜진이는 시험 기간에도 틈틈이 만화 작업을 했고, 태준이는 여전히 가벼운 농담으로 친구들을 웃게 만들었다. 민서는 묵묵히 자신의 공부를 이어나갔고, 현우는 궁금한 것을 질문하며 지식 탐구를 멈추지 않았다. 친구들은 각자의 방식으로 시험을 준비했고, 지우는 그들의 모습을 보며 불안해하기보다 각자의 속도로 나아가는 친구들을 응원했다. 자신 역시 자신의 속도로 차분하게 나아가고 있다고 스스로를 믿었다.

두 번째 시험 기간은 첫 번째 시험 때처럼 고통스럽지 않았다. 물론 힘든 순간도 있었고, 잠이 부족하기도 했다. 하지만 마음속에 불안함 대신 '차분함'과 스스로에 대한 믿음이 자리 잡고 있었기에 견딜 수 있었다. 지우는 떨리는 마음으로 시험장에 들어섰지만, 지난번처럼 도망치고 싶다는 생각은 들지 않았다. 시험은 더 이상 자신을 평가하고 좌절시키는 무서운 칼날이 아니라, 자신이 얼마나 단단해졌는지를 확인하는 과정이었다. 불안함 대신 '차분함'으로 마주한 두 번째 시험은 지우의 내면적인 성장을 보여주는 중요한 시험대였다.

포기하지 않고 문제와 씨름하기

　두 번째 중간고사가 다가오자, 지우는 예전처럼 닥치는 대로 문제집을 푸는 대신 자신이 부족한 부분을 집중적으로 공략하기 시작했다. 첫 시험에서 가장 발목을 잡았던 수학 과목은 여전히 지우에게 어려운 산과 같았지만, 이제는 그 산 앞에서 도망치는 대신 정면으로 마주하기로 결심했다. 특히 이해는 했지만, 막상 문제를 풀려고 하면 막히는 유형의 문제들을 집중적으로 연습했다.

　문제집을 펼치고 어려운 문제와 마주했을 때, 여전히 첫 번째 반응은 '아, 이건 너무 어려운데' 하는 생각이었다. 예전 같았으면 바로 해설지를 보거나 건너뛰었을 것이다. 하지만 지우는 잠시 숨을 고르고 문제의 조건을 다시 읽어보았다. 어떤 개념을 적용해야 할지, 어떤 방식으로 접근해야 할지 곰곰이 생각했다. 배웠던 공식들을 떠올려보고, 비슷한 유형의 예제 풀이를 참고하기도 했다.

한 문제에 10분, 20분, 때로는 30분 이상을 매달리기도 했다. 풀리지 않을 때는 답답하고 짜증이 치밀어 올랐다. 펜을 놓아버리고 싶은 충동이 여러 번 일어났다. '이렇게 시간을 쓰는 게 맞는 걸까?', '다른 쉬운 문제 여러 개를 푸는 게 더 효율적이지 않을까?' 하는 생각도 들었다. 하지만 그때마다 '공부는 과정'이라는 책의 메시지를 떠올렸다. 그리고 서준이가 매일 똑같은 훈련을 끈기 있게 반복하는 모습을 떠올렸다. 쉬운 것만 반복해서는 절대 성장할 수 없다는 것을 알았다.

결국 해설지를 보고 싶은 유혹을 이겨내고 스스로 힘으로 문제를 해결하려고 애썼다. 막혔던 부분을 다시 처음부터 검토해 보고, 혹시 놓친 단서가 없는지 꼼꼼히 살폈다. 다른 방식으로 접근을 시도해 보거나, 그림을 그려서 문제를 이해하려고도 했다. 혼자 힘으로 해결이 어려울 때는 표시해 두었다가 다음 날 학교에 가서 현우나 민서에게 질문하기도 했다. 하지만 질문하기 전에 스스로 충분히 고민하는 과정을 거쳤다.

그렇게 땀 흘리며 문제와 씨름한 끝에, 마침내 실마리를 찾아 문제를 해결했을 때의 기쁨은 예전과는 비교할 수 없을 정도로 컸다. '아하!' 하고 개념을 이해했을 때의 짜릿함에 더해, 오롯이 자신의 노력으로 벽을 넘어섰다는 강력한 성취감이 밀려왔다. 문제집에 정답을 표시하는 순간, 지우는 자신이 한 단계 더 성장했음을 온몸으로 느꼈다.

이런 경험들이 쌓이면서 지우는 어려운 문제를 마주하는 것에 대한 두려움이 점점 줄어들었다. '아무리 어려워도 포기하지 않고 매달리면 결국 해결할 수 있다'는 자신감이 생겼다. 문제는 더 이상 피하고 싶은 숙제가 아니라, 자신의 능력과 끈기를 시험해 볼 수 있는 기회로 다가왔다. 문제를 해결하는 과정 자체가 즐거워지기 시작했다. 고민하고, 생각하고, 시도하고, 실패하고, 다시 일어나 도전하는 그 모든 과정에서 지우는 살아있는 배움을 얻었다.

시험 시간에도 그 끈기는 빛을 발했다. 모르는 문제가

나와도 당황하거나 포기하지 않았다. 침착하게 문제의 조건을 다시 읽어보고, 아는 개념들을 활용하여 풀이 방법을 찾아내려고 노력했다. 시간이 부족할 때는 아는 문제부터 확실하게 풀고, 어려운 문제는 마지막까지 붙잡고 씨름했다. 결과가 어떻게 나오든, 스스로 포기하지 않고 끝까지 최선을 다했다는 사실 자체에 의미를 두었다. 포기하지 않고 문제와 씨름하는 과정은 지우에게 지식뿐만 아니라 삶을 살아가는 데 필요한 중요한 태도를 가르쳐주었다. 어려움 앞에서 쉽게 좌절하지 않는 끈기, 스스로의 힘을 믿는 자신감, 그리고 과정의 중요성을 아는 지혜. 이 모든 것이 문제와의 싸움 속에서 지우가 얻은 값진 성과였다.

결과보다 과정에 의미를 두는 연습

첫 중간고사는 지우에게 성적이라는 차가운 숫자가 얼마나 강력한지를 뼈저리게 느끼게 했다. 그 숫자는 지우의 노력(혹은 노력 부족)을 평가했고, 자존감을 바닥으로 끌어 내렸으며, 미래에 대한 희망마저 앗아가는 듯했다. 지우에게 공부의 목적은 오로지 '좋은 성적을 받는 것'뿐이었기에, 결과가 나빴을 때 모든 것이 무너지는 경험을 했던 것이다.

하지만 '이토록 공부가 재미있어지는 순간'이라는 책을 통해 '공부는 경쟁이 아니라 성장'이라는 깨달음을 얻은 후, 지우의 관점은 조금씩 달라지기 시작했다. 그리고 땀 흘리는 서준이의 모습을 보며 '과정'의 중요성을 몸소 느끼게 되었다. 결과(경기 승패)도 중요하지만,

매일매일 묵묵히 훈련하는 과정에서 스스로가 단련된다는 서준이의 말은 지우의 마음에 깊은 울림을 주었다.

지우는 이제 성적표에 찍힐 결과보다, 책상에 앉아 있는 시간 자체에 더 집중하려고 노력했다. 완벽하게 이해되지 않아도 괜찮다고, 틀려도 괜찮다고 스스로 말했다. 중요한 것은 내가 이 문제 앞에서 얼마나 고민하고 씨름했는지, 이 개념을 이해하기 위해 얼마나 노력했는지, 어제의 나보다 오늘 조금이라도 더 알게 되었는지 하는 '과정'이었다.

이것은 쉬운 연습이 아니었다. 수십 년간 결과에만 익숙해져 있던 사고방식을 바꾸는 것은 오랜 시간과 노력이 필요한 일이었다. 문제 하나를 풀고 채점을 할 때마다, 틀린 문제에 대한 실망감이나 좌절감이 불쑥 올라왔다. '이렇게 열심히 했는데 왜 틀렸지?', '역시 나는 안 되는 건가?' 하는 부정적인 생각이 고개를 들었다. 하지만 그때마다 지우는 의식적으로 마음을 다잡았다. '괜찮아. 이 문제를 틀린 덕분에 내가 무엇을 모르는지 알게 된 거잖아. 다음에는 같은 실수를 하지 않으면 돼.' 틀린 문제에 별표를 치고 넘어가는 대신, 왜 틀렸는지 분석하고 다시 풀어보며 과정 속에서 배우려 했다.

순수 공부 시간에 더 의미를 두었다. 예전에는 그저 시간만 채우려고 앉아 있었다면, 이제는 정해진 시간 동안 얼마나 집중하고 효율적으로 공부했는지를 돌아보았다. 1시간을 앉아 있었더라도 30분만 제대로 집중했다면, 그 30분의 과정에 더 의미를 부여했다. 완벽하지 않아도 괜찮으니, 주어진 시간 동안 최선을 다하려는 '노력의 과정' 자체를 칭찬해 주었다.

특히 두 번째 중간고사를 준비하면서 이 연습은 더욱 중요해졌다. 시험 날짜가 다가올수록 불안감이 스멀스멀 올라왔지만, 지우는 결과를 걱정하기보다 '지금 내가 할 수 있는 최선을 다하자'는 마음으로 공부했다. 어려운 문제가 나오면 포기하지 않고 씨름했고, 지루한 내용을 공부할 때는 끈기 있게 버텨냈다. 이 모든 과정 자체가 나를 단련시키는 소중한 시간이라고 생각했다.

시험을 치를 때도 마찬가지였다. 모르는 문제가 나왔을 때 당황하기보다, '이 문제는 나에게 무엇을 알려주려고 할까?' 하고 생각하며 차분하게 접근했다. 최선을 다해 문제를 풀고, 답을 적었다. 시험이 끝난 후에도 친구들과 답을 맞춰보며 점수를 예상하기보다, '오늘 시험에서 내가 아는 것을 얼마나 잘 풀어냈는지', '모르는 문제를 어떻게 대처했는지' 같은 과정을 돌아보았다.

결과에 초연해지는 것은 어려운 일이었다. 성적이 나오지 않아도 전혀 신경 쓰지 않게 된 것은 아니었다. 하지만 이제는 성적이라는 결과가 공부의 전부는 아니라는 것을 알았다. 성적은 내가 걸어온 '과정'을 보여주는 하나의 지표일 뿐, 내 노력의 가치나 나 자신의 성장을 온전히 담아낼 수는 없다는 것을 깨달았다.

결과보다 과정에 의미를 두는 연습을 통해 지우는 훨씬 자유로워졌다. 성적에 대한 압박감에서 벗어나니 공부 자체가 덜 고통스럽게 느껴졌다. 매일매일 조금씩 성장하는 자신을 발견하는 기쁨, 어려움을 이겨내는 과정에서 얻는 단단함. 이것이 결과만을 좇았을 때는 알 수 없었던 진짜 공부의 가치였다. 비록 서툴고 완벽하지는 않지만, 과정에 의미를 두려는 꾸준한 연습은 지우의 공부 시간을 '고통'에서 '성장'으로 바꾸는 마법과도 같았다.

제10화

절망을 넘어선 내면의 단단함

실패를 딛고 일어나는 용기

첫 중간고사의 결과는 지우에게 가혹했다. 처참한 성적표는 지우를 절망의 끝으로 몰아넣었고, '나는 안 되는 사람인가 봐' 하는 깊은 좌절감에 빠지게 했다. 스스로를 속였다는 죄책감과 친구들, 부모님과의 비교 속에서 지우는 완전히 무너져 내렸다. 모든 것을 포기하고 싶었다. 이 고통스러운 공부에서 벗어나고 싶었고, 자신을 짓누르는 현실에서 도망치고 싶었다. 실패는 지우에게 너무나 크고 감당하기 힘든 벽처럼 느껴졌다.

하지만 지우는 그 실패의 구렁텅이 속에서 완전히 침몰하지 않았다. '이토록 공부가 재미있어지는 순간'이라는 책을 통해 '공부는 경쟁이 아니라 성장'이라는 깨달음을 얻었고, 아주 작은 실천부터 시작하며 지루함을 버티는 힘을 길렀다. 그리고 혜진이의 열정, 현우의 지식 탐구, 서준이의 '꾸준함' 속에서 자신이 나아가야 할 방향을 보았다.

가장 중요했던 것은 바로 '실패를 딛고 다시 일어서는 용기'였다. 첫 시험의 실패는 너무나 아프고 쓰라린 경험이었지만, 지우는 그 실패를 외면하는 대신 마주하기로 했다. 자신이 왜 실패했는지, 무엇이 부족했는지 냉정하게 돌아보았다. 노력하지 않았다는 솔직한 인정, 스스로를 속여왔다는 죄책감, 그리고 공부 방식의 문제점까지. 아픈 진실이었지만, 그것을 받아들이는 것부터가 다시 시작할 수 있는 유일한 길이라는 것을 알았다.

다시 책상 앞에 앉아 공부를 시작하는 것은 용기가 필요한 일이었다. '지난번처럼 또다시 실패하면 어떻게 될까?'라는 두려움이 마음 한구석에 자리 잡고 있었다. 하지만 지우는 그 두려움에 지배당하지 않기로 결심했다. 실패는 끝이 아니라, 무엇이 잘못되었는지 알려주는 소중한 경험이라고 생각했다. '이번에는 지난번처럼 하지 않을 거야. 지난 실패를 통해 배운 대로 다른 방식으로 시도해 볼 거야.' 실패는 지우를 주저앉게 만들었지만, 동시에 다시 일어설 수 있는 단단한 동기가 되어주었다.

사소한 실천부터 시작한 것은 지우에게 '할 수 있다'는 작은 성공 경험을 안겨주었다. 책상 정리 하나, 바른 자세 하나가 별것 아닌 것 같았지만, 그것을 해냈다는 사실 자체가 무너졌던 자신감을 조금씩 회복시켜 주었다. 어려운 문제 하나를 붙잡고 씨름하며 마침내 해결했을 때, '지난번의 나는 이 문제를 풀 엄두조차 내지 못했을 텐데' 하고 생각하며 자신이 실패를 통해 얼마나 성장했는지를 실감했다.

민서에게 배우고, 현우와 대화하고, 서준이의 노력을 보면서 지우는 '혼자만 실패하고 힘들어하는 것이 아니다'라는 것을 알게 되었다. 모든 사람이 각자의 어려움과 마주하고, 실패하기도 하고, 또다시 노력하며 성장한다는 것을 보았다. 친구들의 존재는 지우에게 큰 위안과 용기를 주었다.

실패는 지우에게 '겸손'과 '끈기'를 가르쳐주었다. 자신이 생각했던 것만큼 대단하지 않다는 것을 인정하게 했고, 그렇기에 더 꾸준히 노력해야 한다는 것을 깨닫게 했다. 좌절의 순간마다 다시 일어설 수 있는 용기는 단번에 생긴 것이 아니었다. 매일매일 작은 노력들을 반복하고, 어려움 앞에서 도망치지 않고 맞서는 연습을 하면서 조금씩 길러진 힘이었다.

 두 번째 중간고사를 앞두고 불안함 대신 차분함을 유지할 수 있었던 것도, 어려운 문제와 포기하지 않고 씨름할 수 있었던 것도 모두 첫 시험의 실패를 통해 배웠기 때문이었다. 실패는 지우를 아프게 했지만, 동시에 강하게 만들었다. 실패를 통해 얻은 깨달음과 그 실패를 딛고 다시 일어선 용기는 지우에게 공부뿐만 아니라 앞으로 살아가는 동안 마주할 수많은 어려움을 헤쳐 나갈 수 있는 가장 강력한 무기가 되었다. 지우는 실패라는 어둠 속에서 용기라는 빛을 찾아 한 걸음 내디뎠다.

스스로를 믿는 마음 키우기

첫 중간고사 성적표는 지우의 자존감을 산산조각 냈다. '나는 안 되는 사람'이라는 절망적인 생각은 스스로에 대한 믿음을 완전히 무너뜨렸다. 아무리 노력해도 결과가 나아지지 않을 것이라는 패배감은 지우를 깊은 무력감에 빠뜨렸다. 자신에게조차 솔직하지 못했던 모습은 스스로에 대한 불신으로 이어졌다. 지우는 자신이라는 존재 자체에 대해 회의감이 들었다.

하지만 '공부는 성장'이라는 깨달음을 얻고 작은 실천들을 시작하면서, 지우는 서서히 자신을 다시 바라보기 시작했다. 책상 정리를 하고, 바른 자세로 앉아 공부하려 노력하고, 지루함을 견디며 집중하는 연습을 하면서, '아, 내가 이런 것도 할 수 있구나' 하는 작은 성취감을 맛보았다. 사소한 성공 경험들이 쌓이면서, 무너졌던 스스로에 대한 믿음의 파편들을 하나씩 주워 담는 기분이었다.

특히 어려운 문제와 씨름하며 마침내 해결했을 때, 지우는 자신 안에 숨겨진 가능성을 보았다. 예전 같았으면 진작 포기했을 문제였지만, 끈기 있게 매달린 끝에 혼자 힘으로 해결해 냈다는 사실은 지우에게 강력한 메시지를 주었다. '나는 생각하는 힘이 있고, 노력하면 해낼 수 있는 사람이구나.' 실패를 통해 '안 되는 사람'이라고 단정 지었던 자신에게 반박할 수 있는 근거가 생긴 것이다.

민서의 꾸준함, 현우의 깊이 있는 탐구, 서준이의 땀 흘리는 노력 등 친구들의 모습을 보며 지우는 자신에게 부족했던 것이 재능이나 지능이 아니라 '꾸준함'과 '올바른 방향 설정'이었음을 깨달았다. 그리고 이제 그 꾸준함을 기르고 방향을 찾는 연습을 하고 있다는 사실 자체가 자신을 믿을 수 있는 이유가 되었다. 다른 사람과 비교하며 '나는 왜 저렇게 못 할까' 하고 자책하는 대신, '나도 나만의 속도로 성장하고 있다'고 스스로 다독였다.

 스스로를 믿는다는 것은 완벽함을 의미하지 않았다. 여전히 실수하고, 때로는 좌절하고, 다시 예전처럼 나태해지고 싶은 유혹을 느낄 때도 있었다. 하지만 이제는 그런 순간에도 스스로 비난하기보다, '괜찮아, 다시 시작하면 돼' 하고 다독여 줄 수 있게 되었다. 실패하더라도 일어설 수 있는 힘, 그것이 진짜 자신을 믿는 마음에서 나온다는 것을 배웠다.

 '왜 공부하는가?'라는 질문에 대한 답을 스스로 찾아가는 과정도 자신을 믿는 마음을 키우는 데 중요했다. 남들이 시키는 대로 하는 것이 아니라, 나 자신의 이유를 찾고 그 길을 따라 나아가려는 의지 자체가 스스로에 대한 신뢰를 보여주는 행동이었다. 공부를 통해 세상을 이해하고 스스로 생각하는 힘을 기르면서, 지우는 자신이 점점 더 단단하고 주체적인 사람으로 변해가고 있다는 것을 실감했다.

 부모님과 친구들의 응원 역시 지우가 자신을 믿는 마음을 키우는 데 큰 힘이 되었다. 민서가 자신의 작은 변화를 알아봐 주고 칭찬해 주었을 때, 혜진이가 자신의 꿈을 진심으로 응원해 주었을 때, 지우는 자신이 혼자가 아니라는 것을 느꼈다. 다른 사람들이 자신을 믿어주는 만큼, 스스로 자신을 믿어야 한다는 책임감을 느꼈다.

스스로 믿는 마음은 하루아침에 생긴 것이 아니었다. 실패를 통해 배우고, 작은 성공을 경험하고, 꾸준히 노력하는 과정에서 조금씩 쌓아 올린 '단단함'이었다. 더 이상 '나는 안 되는 사람'이라고 생각하지 않았다. 부족한 부분도 많지만, 노력하고 성장하려는 의지를 가진 자신을 믿기로 했다. 자기 자신을 믿는 그 마음이 지우를 절망의 끝에서 끌어올리고, 앞으로 어떤 어려움이 와도 이겨나갈 수 있는 강력한 힘이 되어주었다. 지우는 그렇게 자신의 가장 든든한 지원군이 되어가고 있었다.

공부를 통해 얻은 삶의 자세

지우에게 공부는 처음에는 고통이었고, 그다음에는 회피하고 싶은 대상이었으며, 마지막에는 절망을 안겨준 차가운 현실이었다. 하지만 '공부는 성장'이라는 깨달음을 얻고 스스로 변화를 시작하면서, 공부는 지우의 삶을 근본적으로 바꾸는 소중한 경험이 되었다. 지우는 공부라는 과정을 통해 단순히 지식만을 얻은 것이 아니었다. 앞으로 어떤 어려움이 와도 흔들리지 않고 자신의 길을 걸어갈 수 있는 단단한 '삶의 자세'를 배우게 되었다.

가장 먼저 배운 것은 끈기와 꾸준함의 가치였다. 매일 밤 책상 앞에 앉아 지루함과 싸우고, 어려운 문제와 씨름하며 포기하지 않고 버텨내는 연습을 통해 지우는 끈기를 길렀다. 단기간에 극적인 결과를 얻기보다, 매일 조금씩이라도 나아가는 꾸준함이 결국 큰 변화를 만든다는 것을 몸소 체험했다. 이는 공부뿐만 아니라 어떤 목표를 이루기 위해서든 필수적인 삶의 자세였다. 힘들고 지칠 때도 있겠지만, 멈추지 않고 한 걸음씩 나아가는 힘. 그것이 공부가 지우에게 가르쳐준 첫 번째 교훈이었다.

다음으로 배운 것은 실패를 대하는 태도였다. 첫 중간고사의 처참한 실패는 지우를 완전히 무너뜨릴 뻔했다. 하지만 지우는 실패 속에서 도망치는 대신, 왜 실패했는지 분석하고 그 경험을 통해 배우는 것을 선택했다. 실패는 끝이 아니라, 무엇이 잘못되었는지 알려주는 소중한 피드백이라는 것을 알게 되었다. 앞으로 살면서 수많은 실패와 마주하겠지만, 그 실패에 좌절하기보다 실패를 통해 배우고 다시 일어설 수 있는 용기. 그것이 공부가 지우에게 길러준 중요한 삶의 자세였다.

또한 지우는 스스로 생각하는 힘을 길렀다. '왜 공부하는가'라는 질문을 스스로에게 던지고 답을 찾아가는 과정, 교과서 내용을 단순히 암기하는 것이 아니라 '

왜?'라는 질문을 던지며 원리를 이해하려 노력하는 과정 속에서 지우는 비판적인 사고력과 문제 해결 능력을 키웠다. 남들이 정해준 답을 따르는 대신, 스스로 고민하고 판단하며 자신만의 답을 찾아가는 능력. 이는 복잡한 세상을 살아가면서 꼭 필요한 삶의 자세였다.

과정의 중요성을 깨달은 것도 큰 변화였다. 결과(성적)에만 집착했던 예전과 달리, 지우는 매일 땀 흘리며 노력하는 '과정' 자체에 의미를 두는 법을 배웠다. 과정 속에서 작은 성장을 느끼고, 어려움을 이겨내는 스스로를 칭찬해 주었다. 결과가 기대에 미치지 못하더라도, 과정에 최선을 다했다면 후회하지 않을 수 있다는 것을 알았다. 삶의 모든 일에는 결과에 이르기까지의 과정이 있고, 그 과정에서 진짜 배움과 성장이 일어난다는 것을 지우는 공부를 통해 배웠다.

마지막으로, 지우는 자신을 믿는 마음을 되찾았다. 실패와 좌절 속에서 완전히 무너졌던 자존감을 공부 과정을 통해 조금씩 회복했다. 작은 성공 경험들이 쌓이고, 어려움을 이겨내는 스스로의 모습을 보면서 '나는 할 수 있는 사람'이라는 믿음이 생겼다. 완벽하지는 않더라도,

노력하고 성장하려는 자신을 믿고 응원해 주는 것. 그것이 앞으로 어떤 도전을 하든 흔들리지 않을 단단한 내면의 힘이 되었다.

공부는 지우에게 단순히 입시를 위한 과정이 아니었다. 그것은 자신을 알아가고, 자신의 한계를 시험하고, 그 한계를 넘어서는 과정이었다. 지식의 세계를 탐험하며 세상을 이해하는 눈을 떴고, 스스로 생각하고 행동하는 주체적인 사람이 되었다. 끈기, 실패를 대하는 태도, 스스로 생각하는 힘, 과정의 중요성, 그리고 자신을 믿는 마음까지. 공부를 통해 얻은 이 소중한 삶의 자세들은 앞으로 지우가 어떤 길을 걷든 든든한 나침반이 되어줄 것이다. '절망 끝, 다시 펼친 교과서'는 지우에게 새로운 삶의 문을 열어주었다.

공부를 통해 자신을 발견하는 기쁨

지우에게 고등학교 입학 초반의 시간은 스스로에 대한 실망과 부정으로 가득했다. 처참한 성적표는 지우를 '나는 안 되는 사람'이라는 틀 안에 가두었고, 자신에게는 어떤 특별한 능력이나 가능성도 없다고 여기게 만들었다. 공부 잘하는 친구들이나 꿈을 향해 열정적으로 나아가는 친구들을 보며 자신만이 초라하게 느껴졌다. 지우는 자신이 누구인지, 무엇을 잘하는지, 무엇을 원하는지 알지 못했고, 그래서 더 막막하고 외로웠다.

하지만 '공부는 성장'이라는 깨달음을 얻고 꾸준히 노력하는 과정에서, 지우는 놀랍게도 자신 안에 숨겨져 있던 새로운 면들을 하나씩 발견하기 시작했다. 지루하고 어려운 공부와 씨름하며 포기하지 않고 버텨내는 자신을 보면서, '나에게 이런 끈기가 있었구나' 하고 놀랐다. 문제를 해결하기 위해 끝까지 고민하고 다양한 방법을 시도하는 자신을 보면서, '나에게 생각하는 힘이 있구나' 하고 깨달았다.

특히, 지식이 쌓이고 연결되는 과정에서 지우는 자신이 특정 분야에 대해 남다른 호기심을 가지고 있음을 알게 되었다. 예를 들어, 역사와 문학을 연결해 생각하거나, 과학 현상 뒤에 숨겨진 원리를 파고들 때 다른 어떤 때보다 집중하고 즐거워하는 자신을 보았다. 이전에는 단순히 시험 과목일 뿐이었던 것들이, 이제는 자신의 흥미와 연결되면서 '내가 이런 분야에 관심이 있었구나', '이런 것을 배우는 것을 좋아하는구나!'하고 나 자신을 알아가게 되었다. 현우와의 깊이 있는 대화는 이런 자신 안의 호기심을 더욱 자극하는 계기가 되었다.

스스로 계획을 세우고 실천하며 작은 목표들을 달성했을 때, 지우는 자신에게 목표를 설정하고 그것을 이루기 위해 노력하는 '성장 능력'이 있음을 보았다. 예전에는 무기력하게 앉아 시간만 흘려보냈던 자신과는 완전히 다른 모습이었다. 할 수 없을 거라고 생각했던 일들을 하나씩 해내면서, '나에게도 잠재력이 있구나', '나도 노력하면 변할 수 있구나' 하는 강한 믿음이 생겼다. 무너졌던 자존감을 회복하고, 스스로 긍정적으로 바라보게 되었다.

실패를 통해 배우는 과정은 지우에게 자신의 강점뿐만 아니라 약점도 솔직하게 마주하게 했다. 부족한 부분을 인정하고 그것이 발전하도록 노력을 하면서, 지우는 스스로 더 깊이 이해하게 되었다. 완벽하지는 않지만, 자신의 장점과 단점을 모두 받아들이고 '있는 그대로' 자신을 사랑하는 법을 배우기 시작했다.

공부는 더 이상 남들과의 경쟁이나 좋은 대학을 가기 위한 수단이 아니었다. 그것은 자신을 탐험하는 흥미진진한 여정이었다. 지식의 세계를 배우면서 동시에 '나'라는 복잡하고 새로운 세계를 발견해갔다. 몰랐던 자신의 능력과 가능성을 발견하고, 진정한 흥미가 어디에 있는지 알아가면서, 지우는 자신이 어떤 사람인지, 앞으로 어떤 방향으로 나아가고 싶은지에 대한 실마리를 잡게 되었다.

공부를 통해 자신을 발견하는 기쁨은 그 어떤 성적표로도 측정할 수 없는 값진 것이었다. 방황하고 혼란스러웠던 시간 속에서, 지우는 공부라는 과정을 통해 비로소 '진짜 나'를 만나게 된 것이다. 자신을 믿고 사랑하는 마음, 스스로의 가능성을 향해 나아갈 용기. 이 모든 것이 공부를 통해 얻은 자기 발견의 선물이었다. 지우는 그렇게 자신만의 빛깔로 빛나기 시작했다.

미래를 향한 희망적인 발걸음

첫 중간고사 성적표 앞에서 지우에게 미래는 암흑과도 같았다. 도저히 넘을 수 없을 것 같은 공부의 벽 앞에서 좌절했고, 앞으로 남은 고등학교 생활과 그 이후의 삶이 모두 절망적일 것이라고 생각했다. 꿈도, 희망도 보이지 않았다. 그저 막막함과 불안감만이 지우를 둘러싸고 있었다.

하지만 '공부는 성장'이라는 깨달음을 얻고 스스로 변화를 시작하면서, 지우의 눈빛은 점점 달라졌다. 자신을 속였던 과거를 반성하고 실패를 통해 배우는 용기를 길렀다. 꾸준한 노력 속에서 '아하!' 하는 깨달음의 짜릿함과 문제를 해결하는 성취감을 맛보았다. 지식이 쌓이고 연결될 때 오는 기쁨을 알게 되었고, 민서, 현우, 서준이 같은 친구들의 모습을 통해 배움의 가치를 새롭게 보았다. 가장 중요한 것은, 공부 과정을 통해 몰랐던 자신의 능력과 가능성을 발견하고 '나도 할 수 있다'는 스스로에 대한 믿음을 되찾았다는 것이었다.

내면이 단단해지면서 지우는 더 이상 미래를 두려워하지 않게 되었다. 물론 여전히 어려운 공부는 많았고, 앞으로 해결해야 할 문제들도 산적해 있을 것이다. 하지만 이제 지우에게 그런 어려움은 '넘을 수 없는 벽'이 아니라, '나를 더 성장시킬 기회'로 보였다. 한번 무너졌다가 다시 일어선 경험은 지우에게 어떤 실패와 좌절이 오더라도 다시 일어설 수 있는 힘이 있음을 알게 해 주었다.

미래를 생각하면 막연했던 불안감 대신, 이제는 희미하게나마 희망이 피어올랐다. 공부를 통해 세상을 이해하는 눈이 뜨이고 스스로 생각하는 힘이 길러지면서, 지우는 자신이 앞으로 무엇을 하고 싶은지, 어떤 분야에 더 관심을 가지고 싶은지에 대해 조금씩 고민하기 시작했다. 아직 구체적인 꿈이나 목표는 명확하지 않았지만, 공부를 통해 나 자신을 더 알아가고 성장한다면 어떤 미래든 스스로 만들어 나갈 수 있을 것이라는 막연한 자신감이 생겼다.

　혜진이는 만화가의 꿈을 향해 계속 나아가고 있었고, 다른 친구들도 각자의 길에서 열심히 살아가고 있었다. 서로의 꿈을 응원하고 격려하며 함께 성장하는 친구들의 존재는 지우에게 큰 힘이 되었다. 혼자가 아니라 함께 나아간다는 느낌은 미래에 대한 희망을 더욱 단단하게 만들어 주었다.

부모님 역시 지우의 변화를 누구보다 기쁘게 지켜보셨다. 성적표에 대한 실망감 대신, 매일 꾸준히 책상 앞에 앉아 공부하는 지우의 뒷모습에서 희망을 보셨다. 부모님의 조용한 지지와 응원은 지우가 미래를 향해 나아가는 발걸음에 든든한 힘이 되어주었다.

　더 이상 과거의 실패에 얽매이거나 현재의 어려움에 좌절하지 않았다. 지우는 자신이 걸어온 성장의 길을 돌아보며 스스로 대견하게 여겼다. 처참했던 성적표 한 장으로 정의될 수 없는, 그 이상의 가치를 가진 자신의 노력을 인정했다. 그리고 그 노력들이 쌓여 앞으로의 미래를 밝게 비춰줄 것이라고 믿었다.

　지우의 발걸음은 가벼웠다. 완벽하지 않아도 괜찮다. 느려도 괜찮다. 중요한 것은 멈추지 않고 계속해서 나아가는 것이다. 공부를 통해 얻은 단단한 마음과 스스로에 대한 믿음으로 무장한 지우는 이제 불안함 대신 희망을 품고 미래를 향한 새로운 발걸음을 내디뎠다. 앞으로 어떤 길이 펼쳐지든, 지우는 자신이 가진 힘으로 그 길을 헤쳐 나갈 준비가 되어 있었다. 빛나는 미래는 멀리 있는 것이 아니라, 바로 지금 이 순간, 공부를 통해 성장하는 자신의 발걸음 속에 있었다.

제11화

흐릿했던 시간이 빛나기 시작하다

빛나는 순간들로 채워 갈 앞으로의 시간

처음 고등학교 교문을 들어섰을 때, 지우에게 눈앞에 펼쳐진 시간은 온통 흐릿하고 막막한 안개 속 같았다. 공부는 지루하고 고통스러웠으며, 미래는 불안하고 불투명했다. 자신의 가능성을 믿지 못했고, 앞으로의 삶이 그저 끝없는 어려움의 연속일 것이라 생각했다. 책상 앞에 앉아 있는 시간은 의미 없이 흘러가는 무채색의 시간일 뿐이었다.

하지만 처참한 실패를 통해 절망의 끝을 경험하고, '공부는 경쟁이 아니라 성장'이라는 깨달음을 얻은 후 지우의 삶은 완전히 달라졌다. 묵묵히 노력하는 과정 속에서 '아하!' 하는 깨달음의 짜릿함과 문제 해결의 성취감을 맛보았고, 지식이 쌓이고 연결될 때 오는 기쁨을 알게 되었다. 실패를 통해 배우는 용기와 끈기, 스스로 생각하는 힘과 과정의 중요성을 깨달았다. 그리고 무엇보다, 자신 안에 숨겨진 능력과 가능성을 발견하고 스스로를 믿는 단단한 마음을 키웠다.

이제 지우에게 공부 시간은 더 이상 흐릿하고 고통스러운 시간이 아니었다. 그것은 자신을 발견하고, 단련하고, 성장시키는 소중한 시간이었다. 교과서 속 글자들은 단순한 정보의 나열이 아니라, 세상을 이해하고 미래를 만들어가는 열쇠로 보였다. 책상 앞은 더 이상 도망치고 싶은 공간이 아니라, 자신만의 작은 우주에서 몰두하고 탐험하는 즐거움이 가득한 곳이 되었다.

물론 앞으로의 시간도 늘 순탄하지만은 않을 것이다. 여전히 어려운 공부와 마주할 것이고, 예상치 못한 실패와 좌절을 경험할 수도 있을 것이다. 하지만 이제 지우는 안다. 그런 어려움에서도 배우고 성장할 수 있다는 것을, 넘어져도 다시 일어설 수 있는, 힘이 자신에게 있다는 것을. 실패는 끝이 아니라 또 다른 시작을 위한 과정이라는 것을.

공부를 통해 얻은 단단한 마음과 긍정적인 삶의 자세

는 지우에게 자신감을 불어넣어 주었다. 앞으로 어떤 분야에 흥미를 느끼게 되든, 어떤 직업을 선택하게 되든, 지우는 자신이 가진 끈기와 스스로 생각하는 힘, 그리고 포기하지 않는 용기로 충분히 해낼 수 있을 것이라 믿었다. 미래는 더 이상 정해진 답이 아니라, 지우 스스로가 만들어 갈 무한한 가능성의 공간이 되었다.

혜진이의 만화가 꿈, 현우의 지식 탐구, 서준이의 꾸준한 노력처럼, 친구들은 각자의 분야에서 빛을 내며 성장해 나갈 것이다. 서로 다른 곳을 바라보지만, 서로의 꿈을 응원하고 지지하며 함께 나아가는 그 과정 자체가 아름다운 이야기의 한 페이지가 될 것이다.

지우는 이제 안다. 삶의 진정한 의미와 기쁨은 눈에 보이는 결과나 남들과의 비교가 아니라, 매일매일의 과정에서 스스로 성장시키고 자신이 가진 가능성을 펼쳐 나가는 데 있다는 것을. 지루하고 힘들었던 시간은 이제 자신을 단련시킨 소중한 밑거름이 되었고, 앞으로의 시간은 그 밑거름 위에서 피어날 아름다운 순간들로 가득 채워질 것이다.

'절망 끝, 다시 펼친 교과서'는 지우의 고등학교 생활 이야기이지만, 동시에 인생이라는 긴 여정 속에서 누구나 마주할 수 있는 어려움과 그 속에서 자신만의 빛을 찾아가는 용기에 관한 이야기다. 지우는 이제 불안함 대신 희망을, 막막함 대신 가능성을 품고 미래를 향한 발걸음을 내디딘다. 흐릿했던 시간은 지나고, 이제 지우의 삶은 스스로 만들어 가는 빛나는 순간들로 가득 채워질 것이다. 교과서 위로 쏟아지는 햇살처럼, 지우의 앞으로의 시간은 가장 아름답게 빛날 것이다.